012 OUTDOOR

いますぐ使える

海釣り

図解手引

西野弘章 監修

海釣りをはじめよう

四方を海に囲まれた日本では、四季折々にさまざまなレジャーを楽しむことができる。そのひとつとして、根強い人気を誇るのが「海釣り」。なかでも、本書で紹介している堤防や船からの釣りでは、アジやメバル、シロギスといった食卓でもおなじみのおいしい魚と高い確率で出会えることが魅力になっている。

海釣りのジャンルは、千差万別。高度なテクニックを必要とするベテラン向きの釣り方がある一方、初心者がすぐにでもはじめられる優しい釣り方もたくさんある。たとえば、国内各地に

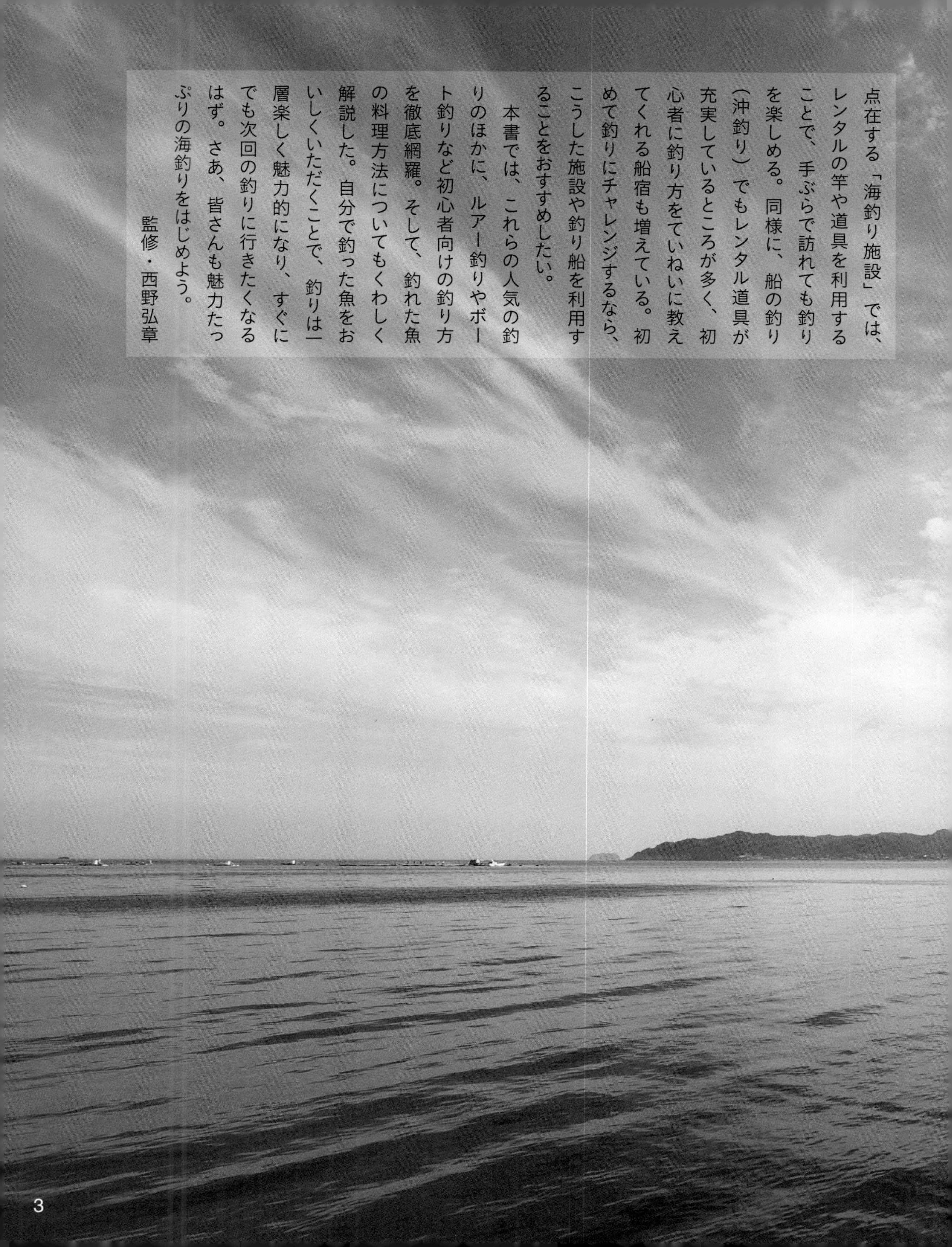

点在する「海釣り施設」では、レンタルの竿や道具を利用することで、手ぶらで訪れても釣りを楽しめる。同様に、船の釣り（沖釣り）でもレンタル道具が充実しているところが多く、初心者に釣り方をていねいに教えてくれる船宿も増えている。初めて釣りにチャレンジするなら、こうした施設や釣り船を利用することをおすすめしたい。

本書では、これらの人気の釣りのほかに、ルアー釣りやボート釣りなど初心者向けの釣り方を徹底網羅。そして、釣れた魚の料理方法についてもくわしく解説した。自分で釣った魚をおいしくいただくことで、釣りは一層楽しく魅力的になり、すぐにでも次回の釣りに行きたくなるはず。さあ、皆さんも魅力たっぷりの海釣りをはじめよう。

監修・西野弘章

ビギナーOK！ 海釣り入門に最適！
親子で楽しむ堤防釣り

上）釣り道具を持ってポイントへ向かう。右）親子いっしょに真剣になれるのが釣りのよさ。

釣りスタイル比較	
手軽さ	★★★★☆
釣果の確実さ	★★★☆☆
ワクワク度	★★★★☆
奥の深さ	★★★★★

これから海釣りをはじめようと思うなら、まずは堤防の釣りを選択することをおすすめする。もちろん、最初から船釣りをしたい、ボート釣りをしたいというイメージがあるのなら、あえて堤防からはじめる必要はないが、釣りの基本を理解するには、堤防釣りが一番といえるだろう。

堤防は足場がよく、じっくり腰を落ち着かせて釣ることができる。出船時刻が決まっている船釣りなどと異なり、自分の好きな時間に釣りをはじめられるので、自由度も高い。ライフベストの着用が前提だが、比較的安全性を確保しやすいのもいいところ。

基本的な釣り道具を手に入れたら、まずは近場の堤防へ行ってみよう。釣り人の姿を見つけたら、どんな釣り方で、どんな魚を釣っているのか聞いてみる。手持ちの仕掛けで間に合わなければ、釣り場の近くの釣具店に行って入手すればいい。同時に、より詳しい説明をスタッフから聞いておこう。少し離れたポイントのほうがよく釣れている、なんていう情報をもらえるかもしれない。

もし、最初から釣り道具をそろえるのに躊躇（ちゅうちょ）するような

エサをハリに付けるのには、慣れが必要。でも、これも大切な技術。

「チョイ投げ」釣りは、海底付近を泳ぐ魚を狙う釣り方。仕掛けをゆっくり手前に引いて、魚がエサをつついている感触が手元に伝わってくるとドキドキする。

シロギスが釣れた！　引きが強く、見た目も美しい。もちろん食味も抜群！

ら、貸し竿などが完備されている「海釣り施設」を利用するという手もある。利用料金やレンタル代金がかかるとはいえ、船釣りよりは、はるかに安く遊べる。

イワシ（写真）やアジ、サバは「サビキ釣り」で狙う。どれもおいしい魚。

堤防釣りのスタイルはじつに多彩。ウキ釣り、チョイ投げ釣り、サビキ釣り、ルアー釣りと、さまざまな釣り方を楽しむことができる。最初は自分が興味をもったり、「簡単そう」と思ったりした釣り方を実践してみればいい。対象魚や、そのときの状況に合わせて釣り方を選べるようになれば、もうビギナーの段階は卒業だ。

おいしい魚が大漁！ はじめてでも問題ナシ！
仲間と船釣り初体験

上）水面下の様子をイメージするのが船釣りのおもしろさ。右）期待に胸を膨らませて乗船。

釣りスタイル比較

手軽さ	★★★☆☆
釣果の確実さ	★★★★★
ワクワク度	★★★★☆
奥の深さ	★★★☆☆

たくさん魚が釣りたい！ そんな希望を叶えてくれるのが「船釣り」。釣果（ちょうか）のカギであるポイント選びを船長にお任せできるので、釣れる確率がグンとアップする。もちろん、対象魚や釣り方によって難易度が大きく変わるので、まずは本書で紹介しているようなビギナー向けの釣りを選ぶといい。

船釣りに行く前に、堤防釣りを体験し、釣りの基本を身につけておくのがベストだが、船長やスタッフが手取り足取り教えてくれる船宿もあるので、まったく知識や経験がない人でも心配なし。釣り道具などをレンタルできるところも多い。

港を出れば、そこは大海原。目の前に広がる水面を見渡せば、岸からの釣りにはない開放感が味わえる。そして、船の下を泳ぐ魚群を想像することで、期待に胸が膨らむ。ポイントに到着し、船長の合図でいよいよ仕掛けの投入。狙いの魚がエサに食い付くことを期待して……。

はじめての船釣りを成功させるためには、船長のアドバイスをよく聞き、指示通りに釣ることが大切。ベテランは釣り方や仕掛けにさまざまな工

ビギナーに優しい船宿が増えている。釣り道具や装備のレンタルも可能。

「ポイント選び」という、ビギナーにとっての難関を船長がクリアしてくれる船釣りは、ビギナーでも釣果が得やすい釣り。最初からこの釣りに入門するのもいい。

夫を凝らして釣果をアップさせているが、それは基本を理解してからのこと。まずは水中にある仕掛けの動きや、狙う魚の居場所を正しくイメージできるようになろう。

魚が食い付いたときのアタリは、魚種や釣り方によってさまざま。コツコツと手元に小さな振動が伝わることもあれば、いきなり竿先がギューンと海面に向かって引き込まれることもある。釣り竿やリールの操作で、魚がハリから外れてしまわないように巻き寄せよう。魚が水面近くに見えたときが、この釣りのクライマックスになる。

船釣りで釣れる魚は多彩。なかでもアジはビギナーにおすすめの対象魚といえる。

おいしい魚を持って帰れるのはうれしいかぎり。食べる楽しみも堪能できる。

上）基本はルアーを投げて巻くこと。けっして難しくない。右）ルアーの種類もさまざま。

釣りスタイル比較	
手軽さ	★★★★★
釣果の確実さ	★★★☆☆
ワクワク度	★★★★☆
奥の深さ	★★★★☆

身軽なスタイルで軽快に釣り歩こう！

お手軽・アクティブなルアー釣り

魚が食べるエサをハリに付けて水の中に投入するのが釣りの超基本。だが、魚は必ずしも普段食べているエサだけを口にするわけではない。いつも食べているものとはちょっと違う、より目立つものを口にすることもある。

　そんな魚の習性を利用した釣り方が「ルアー釣り」。ルアー（擬餌バリ）は、どれだけエサに似せてつくられていたとしても、魚が普段食べているものとイコールにはなり得ない。だが、釣り人が釣り竿やリールの操作で動きを加えることで、エサ以上に魚の興味をひくことができる。これがルアー釣りの醍醐味なのだ。

ルアー釣りの対象魚は、小型のアジやメバルから、スズキやマダイといった大型魚までさまざま。船からの釣りでは、さらにバラエティ豊かな魚が狙える。小魚やエビ、カニといった動物性のエサを捕食する、あらゆる魚介類が対象といっていい。

　狙う魚を絞れば、装備はシンプル。たとえばアジやメバル狙いであれば、リール竿一本あればはじめられるし、ルアーや小物はライフベストのポケットや小型のショルダーバッグに十分納まる。

　生エサや活きエサのように保管に気をつかう必要がないので、一度ルアーをそろえてし

魚の居場所を正しくイメージし、そこに上手にルアーを投入して誘うことが、ルアー釣りのカギ。経験を積めば積むほど、釣果がアップする楽しみがある。

まえばいつでも釣りに行けるのも、ルアー釣りの利点。車に釣り道具一式を積んでおき、ちょっとした空き時間に魚を狙う、なんていう楽しみ方もできる。

車でいくつものフィールドを効率よくチェックする「ラン&ガン」は、この釣りならではのスタイル。ルアー竿を手に、ここぞと思ったフィールドを釣り歩き、魚との出会いのチャンスを増やしていこう。一カ所に仕掛けを投入して魚がやってくるのを待つのではなく、積極的に自分から魚にアプローチするのが、ルアー釣りのおもしろさだ。

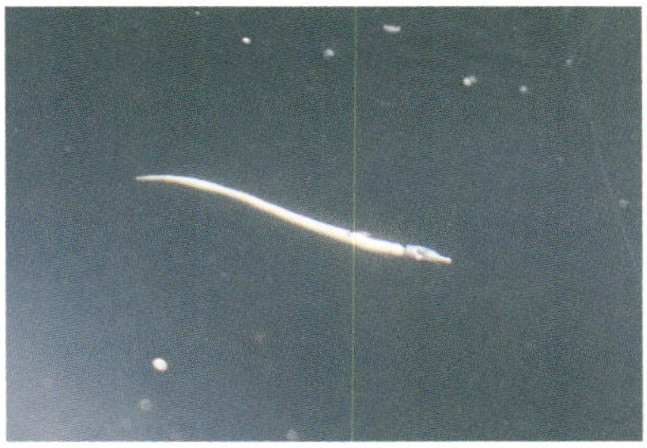

投入して放っておくのではなく、自分で操作するのがルアー釣りのおもしろさ。

アクティブさも魅力。身軽な装備で、ポイントをつぎつぎと探っていくことができる。

広い海に漕ぎ出すワクワク感がたまらない！
ボート釣りに行こう

ボート釣りのフィールドは穏やかな海。エンジン付きのボートもあるが、手漕ぎが一般的。

釣りスタイル比較	
手軽さ	★★★☆☆
釣果の確実さ	★★★★☆
ワクワク度	★★★★★
奥の深さ	★★★★★

広い海を自由に移動し、魚がたくさんいるポイントで釣りができたら……。釣りをはじめた人は、いつしかそんなことを考えるはず。その夢を実現してくれるのが「ボート釣り」だ。手漕ぎボートで、岸から仕掛けを投げても届かない「ほんのちょっと沖」へ行くだけで、探れる範囲は格段に広がる。これがボート釣り最大のメリットだ。

だが、岸釣りよりもポイント選択の幅が広がる一方、自分の知識と経験をフル活用してポイントを探し当てなければならない。また、ボートを漕いだことがない人は、その扱い方に慣れる必要もある。

乗ってしまえばポイントまで連れていってくれる船釣りと比べると、多少の難しさを感じるかもしれないが、それは同時に楽しみでもある。まるで宝探しのようなワクワク感を得られるはずだ。そして、経験を積むほどに釣れるようになってくる。

もちろん、ポイント選びにシビアにならなくても、ハイシーズンならどこでも問題ない。貸ボート店に問い合わせて、狙いの魚種がよく釣れている時期に行くようにしよう。たとえばシロギス釣りの場合、

魚を求め、小さな手漕ぎボートで海に出る。それだけで冒険気分が味わえる。

さっきアタリがあったよ!
あのへんにいるかな?
葉山
29

広いフィールドを自由自在に移動して、ここぞ！と思ったポイントで竿を振る。思い通りの釣りができることがボート釣りの魅力。

条件がよければ仕掛けを投げず、足元に沈めるだけで釣れることも多い。こうした時期は、出船場所から5分と漕がない浅場がポイントになりやすいので、ビギナーにはとくにおすすめだ。

さらに行動範囲を広げたいなら、船外機（エンジン）付きボートを駆使したり、マイボートを手に入れたりするのも手。でもそれは、手漕ぎボートで、潮の流れや風の影響を理解し、思い通りにポイントを狙い撃つことができるようになってからの話。まずは手漕ぎボートの釣りを楽しみつつ、知識をたくわえていこう。

シロギス（写真）のほか、マアジやカレイが、ビギナーにおすすめの対象魚。

自分で漕いで探したポイント。そこで釣れた魚は、魚種に関わらずうれしいもの。

Contents

PART
1

海釣りの基礎知識

海釣りにはどんな釣り方があって、どんな魚が釣れるんだろう? 道具はどうやって選べばいい? 楽しく、安全に釣りをするために最低限必要な知識を身につけておこう。

1-1

海釣りの魅力とは

釣り人のレベルを問わず さまざまな対象魚を狙える！

日本列島を取り囲む海。そのすべてが海釣りのフィールドになり得る。対象魚も釣り方も多彩で、その中から自分のレベルに合った楽しみ方ができる懐の深さが、海釣り最大の魅力といえる。

岸釣りと船釣り

岸から釣るか、沖（船やボート）から釣るかが、海釣りのスタイルの大きな分かれ目。それぞれにメリットがあり、ビギナーでも簡単にはじめられる釣り方がある。

▶自由度が高い岸釣り

ビギナーは、足場がよく、安全性を確保しやすい堤防や、海釣り施設（海釣り公園）などが利用しやすい。釣りのスケジュールや対象魚などを自分で選べる、自由度の高さが魅力といえる。

◀船釣りは確実な釣果が魅力

岸釣りに比べて、狙えるポイントが多くなるのが船釣りの魅力。船（遊漁船）からの釣りは、ポイントを船長（船頭）が探してくれるので、釣果が得られやすい。

スタイルの数だけ楽しみ方がある

海釣りのスタイルは、岸釣り（陸上からの釣り）、と船釣り（船やボートからの釣り）に大別できる。岸釣りのフィールドには、堤防（埠頭）、砂浜、磯（岩礁帯）などがあるが、ビギナーには足場のよい堤防がおすすめ。

岸釣り・船釣りともに、釣り方はさまざま。エサ釣りのほか、ルアー（擬餌バリ）を使うスタイルも人気がある。

フィールドと釣り方、対象魚の組み合わせは無限。これらの中から、自分に合った、あるいは興味のあるものを選択できるのが、海釣りの楽しさといえる。

ルアー釣りとエサ釣り

岸釣りでも船釣りでも、ハリにエサを付けたり、周囲にエサを撒いたりする「エサ釣り」と、擬餌バリを使う「ルアー釣り」がある。それぞれのメリットと魅力を知っておこう。

ルアーは自分で操作するのが楽しい

竿やリールを操作してルアーを動かし、魚を誘うのがおもしろさ。ルアー選びも楽しさのひとつ。

釣り方が多彩なエサ釣り

エサ釣りはごく一般的。エサの種類が豊富で、釣り方との組み合わせでさまざまな魚が狙える。

基本的な海釣りのスタイル

ビギナーでも十分にトライできる、おすすめの釣りスタイルは下記の４つ（詳しくは PART ２～５で解説）。まずは、これらの中から「やってみたい！」と思ったものを選んでみよう。

ルアー釣り

エサ購入の手間がなく、思い立ったときに釣りに行けるのがルアー釣りの利点。エサの扱いに抵抗がある人にもおすすめ。

堤防釣り

もっとも気軽にはじめられるのが堤防のエサ釣り。釣り道具のレンタルを行っている海釣り施設なら、手ぶらでも楽しめる。

ボート釣り

ポイント選びも釣り方も、もっとも自由度が高い。手漕ぎボートの操船に慣れる必要はあるが、ワクワク感は一番といえる。

船釣り

遊漁船の釣りは、自分でポイントを探す必要がないのがメリット。スタッフが釣り方をていねいに教えてくれるところもある。

LINK 堤防釣り（➡ P.4、P.42）、船釣り（➡ P.6、P.74）、ルアー釣り（➡ P.8、P98）、ボート釣り（➡ P.10、P122）

1-2

海釣りの対象魚とシーズン

食べておいしい魚がたくさん！ 四季を通じて釣りが可能

海釣りの対象魚は、釣って楽しく、食べておいしいものばかり。多くの魚種は、水温が上がる梅雨時以降に釣りやすくなるが、冬にベストシーズンを迎える魚もいるということを知っておこう。

釣りに最適なシーズン

人間にとっては、春と秋が屋外で遊びやすい季節。だが、魚を釣るためには、彼らの棲む海中の様子を想像する必要がある。とくに水温の変化は影響が大きい。

梅雨明け～秋口が釣りやすい

多くの人が釣りに出かけはじめるゴールデンウィーク頃は、まだ魚にとっては春先くらいの感覚であることが多い。本格的なシーズンインは梅雨明け前後。シロギスや根魚（カサゴやムラソイなど）がよく釣れるようになる。

寒い時期にも楽しみがある

サヨリやウミタナゴなどのように、夏の高水温を嫌い、冬場に活発にエサを獲る魚種もいる。防寒対策を万全にして、冬ならではの魚を釣ってみよう。

フィールド、シーズンで釣りやすい魚は変わる

マアジ、イワシ、サバといった、スーパーマーケットでもおなじみの魚はもちろん、シロギスやカレイ、メバルなどの高級魚も望めるのが海釣りの魅力のひとつ。だが、いつでもどこでも釣れるというわけではない。

魚は水温が低下すると動きが鈍くなり、釣りにくくなる。水は空気より温まりにくく、冷めにくいため、陸上と比べてふた月ほどシーズンが遅いと考えよう。具体的には、多くの地域で、梅雨明け前後に格好のシーズンを迎える。釣りをはじめるなら、この頃から秋口までがおすすめだ。

海釣りの主な対象魚とシーズン

対象魚やシーズンは地域によって異なる。また、岸釣りでは魚が岸の近くに寄ってくる必要があるが、船釣りなら魚の群れを追いかけることも可能なので、一般的にはシーズンが長くなる。

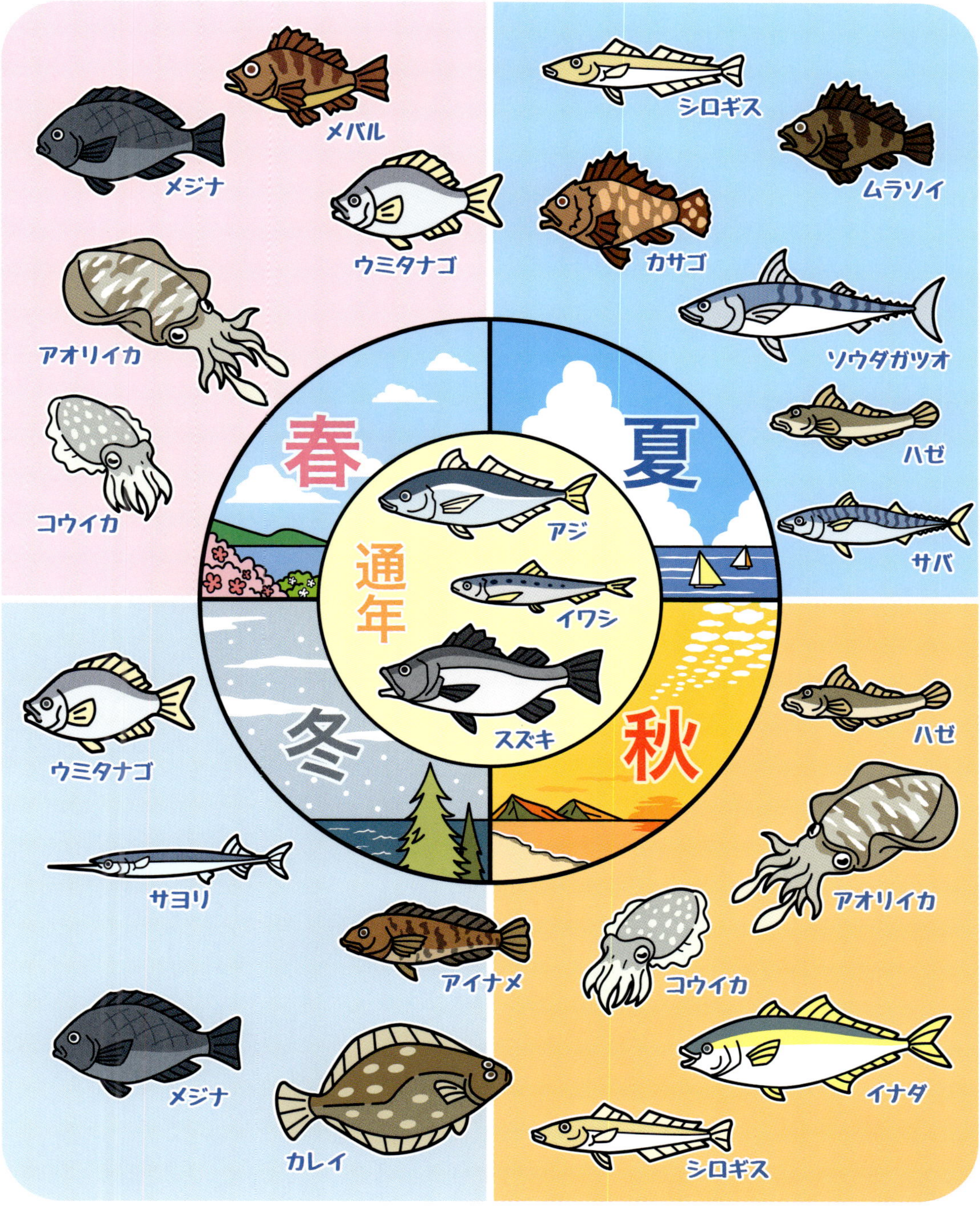

スタイルごとに必要な道具を賢くそろえることが大切！

必要な釣り道具は、釣りのスタイルによって変わる。まずは、多くの釣りで共通する釣り道具について知っておこう。個別の釣り方で必要な釣り道具はPART 2～5で詳しく解説する。

釣り道具のいろいろ

釣りに必要な道具すべてが「釣り道具」といえるが、「釣り道具」＝釣り竿とリール、ミチイトとし、それ以外を「仕掛け類」「道具類」に分類すると理解しやすい。

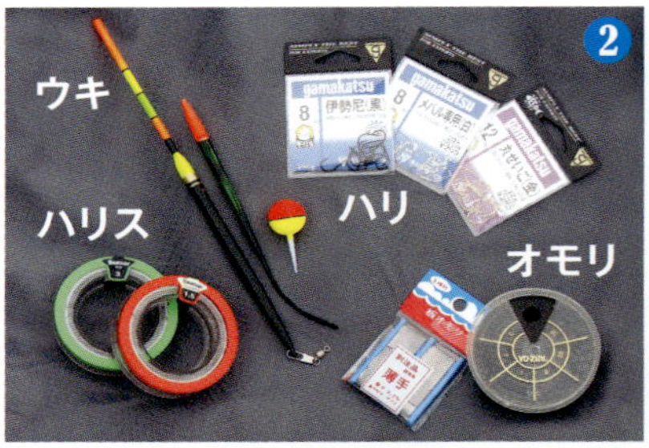

釣り道具のタイプ

❶釣り竿とリール、ミチイト（釣りイト）といった、狭い意味での「釣り道具」。❷ハリ、ハリス（ハリに結ぶイト）、オモリ、ウキなどの「仕掛け類」。❸釣り方によってはイスやクーラーボックスなどの「道具類」も必要。

基本的な道具からそろえていこう

岸釣りなのか船釣りなのか、はたまたエサ釣りなのかルアー釣りなのかによって、必要な釣り道具（竿やリール・仕掛け類・道具類）は異なる。すでに釣りたい魚や釣り場、釣り方が決まっているのなら、釣具店の店員にそれを告げて相談するのが、賢い釣り道具のそろえ方といえる。

なお、釣り竿には「ノベ竿」と、リールを組み合わせる「リール竿」がある。仕掛けを遠くに投げる釣りでは、リール竿が多用される。いずれのタイプでも、伸ばして使う「振り出し竿」と、継いで使う「継ぎ竿」が一般的。

多くの釣りで必要な道具類

岸釣りか船釣りかで、必要な道具や、そのタイプは変わる。たとえば、遊漁船での船釣りにおいては水くみバケツは不要だが、堤防でのエサ釣りでは多用する、といった具合だ。

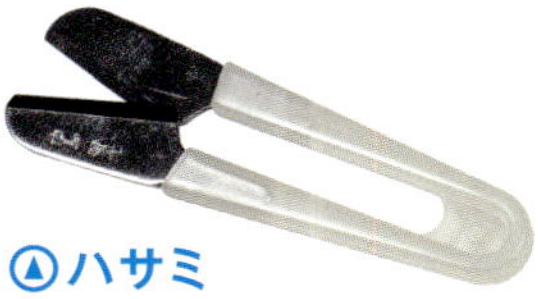

Ⓐハサミ

ミチイトなどを切るのに必須。専用のものでなくても、普通のハサミやツメ切りで代用可能。

◀水くみバケツ

堤防の上から海水をくみ上げるには、長いロープが付いた専用の折り畳み式バケツが便利。ボート釣りでも必要。

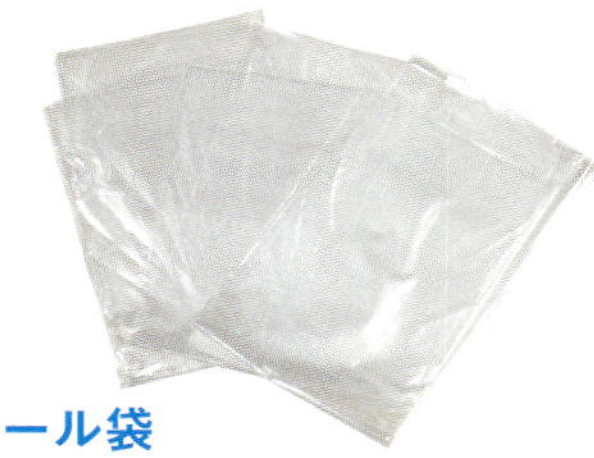

Ⓐビニール袋

釣った魚や汚れたタオル、ゴミなどを持ち帰るために、丈夫なビニール袋を4～5枚用意しておこう。

Ⓐタオル

汚れた手をふくなどするタオルは、2～3枚用意しておこう。夏は冷やした濡れタオルもあるといい。

Ⓥタックルボックス

仕掛けや小さな釣り道具は、ケースに収納するといい。密閉容器などを利用するのもひとつの手。

Ⓐプライヤー

魚に掛かったハリを外したり、仕掛けをつくったりするのに使う。さびにくいステンレス製がいい。

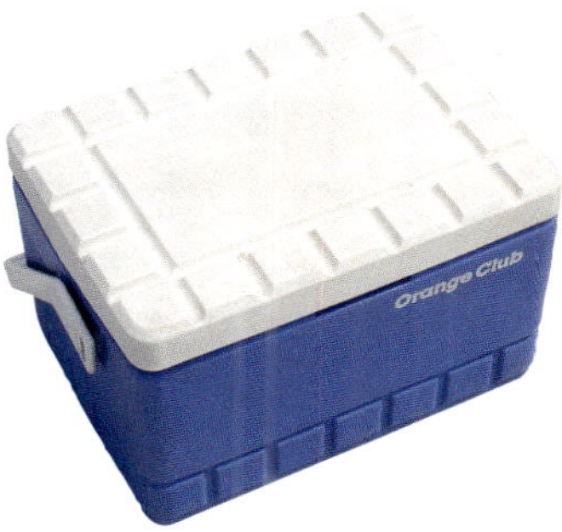

◀クーラーボックス

釣った魚を持ち帰ったり、冷たい飲み物を保冷したりするのに必要。小物釣りなら容量が10ℓもあればよいが、大物が望める船釣りでは、20ℓ以上のものが必要になることも。

▶魚バサミ

トゲのある魚や、ヌルヌルしてつかみにくい魚を挟むためのもの。釣具店で専用のものが売られている。

西野's ADVICE

ケガなどへの対処を忘れずに！

野外での遊びにはケガなどがつきもの。とくに釣りでは、ハリが刺さるなどのトラブルもありえる。消毒液や絆創膏といった応急処置に必要なものは用意しておこう。もちろん、ケガの程度がひどいときは、すぐに病院に行くこと。

薬品類は密閉容器などの防水性の高いケースに入れておこう。絆創膏は、貼った状態で釣りをすることを考えると、耐水性の高いものがおすすめだ。

LINK 釣り竿の扱い方（➡P.22）、安全対策（➡P.36、P.38）

1-4

釣り道具の基本的な扱い方

覚えてしまえば超簡単！扱い方と投入を覚えよう

釣り道具の扱いは、初心者にとってひとつの壁。練習すれば誰にでもできるようになり、基本を頭に入れておけば上達は早い。道具の扱いが上手になれば、釣りはもっと簡単、かつ楽しくなる。

釣り竿の伸ばし方、しまい方

振り出し竿や継ぎ竿は、正しい伸ばし方・継ぎ方を覚えることが第一。とくにノベ竿などの繊細な穂先をもつ竿は、ていねい、かつ確実にセットしよう。

ガイドをまっすぐに

リール竿では、伸ばしたのちに、ガイドが直線上に並んでいることを確認しよう。

先端から伸ばす

振り出し式の釣り竿は、先端の節から伸ばす。逆に、たたむときは根元から。

拭きながらしまう

タオルなどで拭きながら釣り竿をしまえば、あとで洗うときに楽になる。

継ぎ竿の場合

継ぎ部分をしっかりはめる。印籠継ぎ（写真のタイプ）では、少し隙間ができる状態になる。

釣り道具を正しく扱い上手に使いこなそう

初めて手にする釣り道具。セッティングの方法は自宅でも練習できるが、仕掛けの投入などは現場で実践して慣れるしかない。遠くへ仕掛けを投げるときでも、力まず、タイミングを重視するのがコツ。基本を理解すれば、数回の投入で体得できるはず。

仕掛けを投入したあとの操作方法は、釣り方によって異なる。どの釣り方でも重要なのは、魚がハリ（付けエサ）をくわえたときに、竿先を跳ね上げるようにしてあおる、いわゆる「あわせ」の動作だが、釣り方ごとにコツがあるので、各章を参照しよう。

釣り竿の握り方

釣り竿の正しい使い方の第一歩は握り方。きちんと握れていれば、仕掛けの投入や魚とのやりとりもすぐにうまくなる。力を入れすぎず、すべての指で包み込むイメージで握るのがコツ。

リール竿の場合

利き手の中指と薬指（小指と薬指でもよい）の間でリールの脚部を挟むように握るのが基本。

ノベ竿の場合

グリップ部分を握り、利き手の人差し指を上か側面に添えるようにすると、微妙な操作がしやすくなる。

スピニングリールの扱い方

リールにはいくつかのタイプがあるが、ビギナーが手にすることが多いのはスピニングリール。まずはこのリールの構造を知り、使い方を覚えよう。何度か練習すればすぐにできるようになる。

ミチイトを巻く量

ミチイトが多すぎるとイト絡みなどのトラブルを起こす。写真の巻き量が目安だ。最初はリールを購入する際に、釣具店で巻いてもらうのが賢い。

矢印の方向に回すとドラグが締まる＝より強い力で引っ張られないとミチイトが出ない

ドラグの調整

リールには、ミチイトが強い力で引っ張られたときにミチイトを送り出す「ドラグ」という機構がある。イト巻き部分の前に付いたノブをまわして、ミチイトを手で強く引っ張ったときにじわじわと出ていく程度に調整しておこう。また、長期保管するときはドラグのパーツが固着するのを避けるため、完全に緩めておくこと。

ミチイトを放出する、止める

ラインローラーが上にきている状態で、釣り竿を持つ手の人差し指にミチイトを引っ掛けてから、反対側の手でベイルを起こす。

人差し指を離すと、ミチイトが出ていく。仕掛けを遠くへ投入するときは、タイミングよく人差し指を離すことが大切。

ベイルを戻すと、ミチイトの出が止まる。ベイルは釣り竿を持つのと反対の手で戻すのが基本。その後、ハンドルを巻けば、たるんだミチイトを巻き取ることができる。

LINK ノベ竿の釣り（➡P.48）

リール竿での投入のコツ

リール竿で仕掛けを遠くに投げるには、少々コツが必要。力よりタイミングを重視しよう。

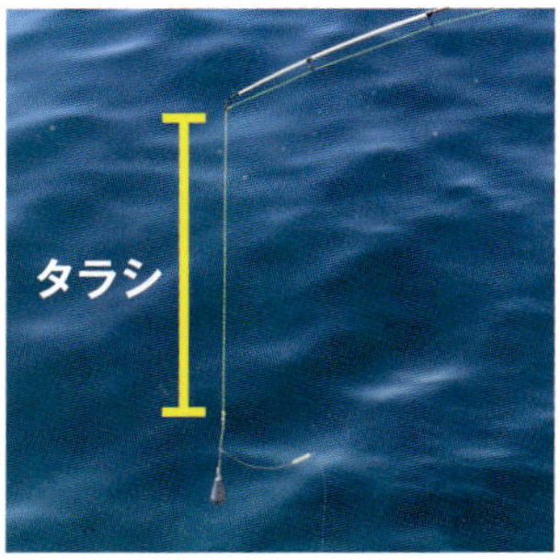

投入の準備

竿先のガイドから仕掛け（オモリやテンビンなど）まで、30cmほどミチイトを出しておく。これを「タラシ」と呼ぶ。後ろに人がいないかどうか、必ず確認しておこう。

ミチイトを放出するタイミング

仕掛けの重さを感じたときに人差し指を離すのが基本。繰り返し投げればうまく投げられるようになる。

着水直前にミチイトの放出を止める

ミチイトが放出したままの状態で着水すると、イトが大きくたるみ、仕掛けが絡むなどのトラブルが増える。直前に、竿を持つ手と反対の手でリールのイト巻き部分を軽く押さえ、イトの出を止めるといい。

ノベ竿での仕掛けの投入

釣り竿を振り上げるようにして下から投入するのが基本。正確な投入を心がけよう。

下から振り込む

1 利き手で竿を持ち、仕掛けのオモリか、オモリに近いハリス部分を、反対側の人差し指と親指でつまむ。

2 竿先を下向きにして構え、仕掛けを離すと同時に釣り竿を軽く振り上げる。

3 仕掛けを振り子のように前方に飛ばす。仕掛けが竿先より前方にいったら、ゆっくりと竿先を下げる。

4 仕掛けを水面に置くようなイメージで、竿先を下げて着水させる。

リール竿での仕掛けの投入

ビギナーには斜め下からの投入が簡単。ただし、ミチイトを離すタイミングがズレると斜め方向へ飛んでしまう。釣り竿を振りかぶる投入方法は、仕掛けを遠くへ、かつまっすぐ飛びやすい。

振りかぶって投げる

後方確認してから釣り竿を振りかぶり、写真の角度でいったん静止。このときリールを上側に向けるのがコツ。視線はポイントの斜め上へ。

釣り竿を前方に押し出すように振り、リールが頭の横をすぎるあたりでミチイトを放出。あまり鋭く振らないほうがうまくいく。

仕掛けが飛んでいく間は、視線を斜め上に向け、竿先も斜め上に向けておくと、スムーズに飛ばしやすい。

遠くへ投げたときは、ミチイトが大きくたるむことが多いので、着水直前にイト巻き部分を押さえ、たるみすぎないようにする。

斜め下から投げる

竿を持つ手の人差し指にミチイトを引っ掛けてからベイルを起こす。次に、釣り竿を体の横に、斜め下に向けて構える。

体の正面に向かってゆっくり振りはじめ、その直後のタイミングで人差し指を離し、ミチイトを放出する。

仕掛けが飛んでいく間は、竿先を狙った方向に向けておく。釣り竿を極端に振り上げると、仕掛けも上に飛んでしまうので注意しよう。

ベイルを戻して完了。チョイ投げなどでは、ハンドルを巻いて、ミチイトのたるみをとっておく。

1-5

覚えておきたいイトの結び方

イトの結び方を覚えれば自分で仕掛けがつくれる！

イト（ミチイトやハリス）を結んで仕掛けをセットすることは、釣りの必須テクニック。必要最低限の結び方は覚えておこう。自宅で練習しておけば、釣り場に行ってから困ることもない。

仕掛けづくりに必要な結び

イトを接続する部分は、決して多くはない。とくにリール竿の場合は、完成仕掛けと接続具を使えば、ユニノットひとつを覚えておくだけで対応できる。

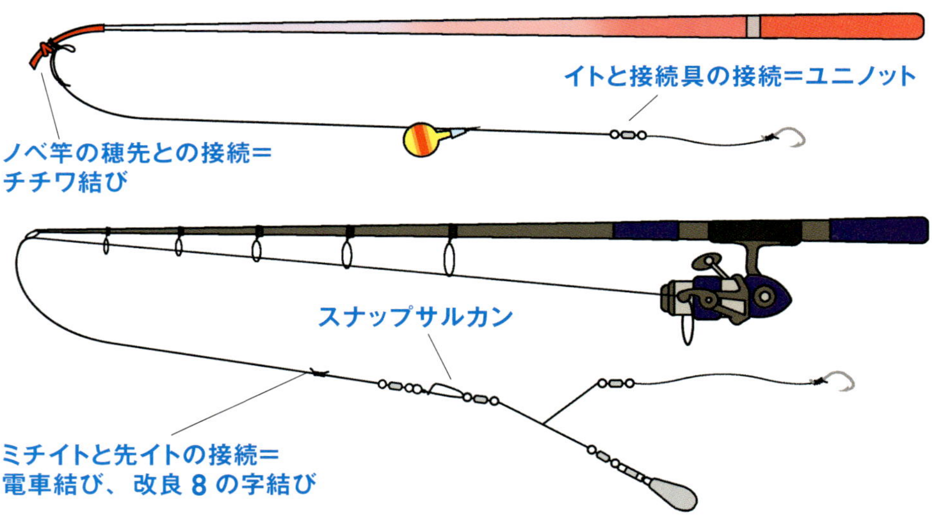

確実に結べる方法を身に付けておこう

サビキ釣りでもチョイ投げ釣りでも、市販の完成仕掛けには、ミチイトやテンビンとの接続部分にスナップサルカンなどの接続具が付いている。あらかじめミチイトの先端にサルカンを結ぶなどしておけば、あとはスナップで接続すればよい。結び方にはいくつかあるが、電車結びにも応用できるユニノットがおすすめ。

なお、ノベ竿の場合は、穂先にミチイトを結ぶ「チチワ結び」を覚えておく必要がある。また、ミチイトに先イト（リーダー）を繋ぐ場合は、電車結びや改良8の字結びもできるようにしておこう。

結び方の注意とコツ

イトの結びは、手順が間違っていなくても、ちょっとした気づかいの有無で強度が大きく変化するもの。どんな結びにも共通する、結ぶうえでの注意点やコツを知っておこう。

金属環への結び方

接続具などの金属環にイトを結ぶときは、環に通す回数を２回にすると強度が格段にアップする。

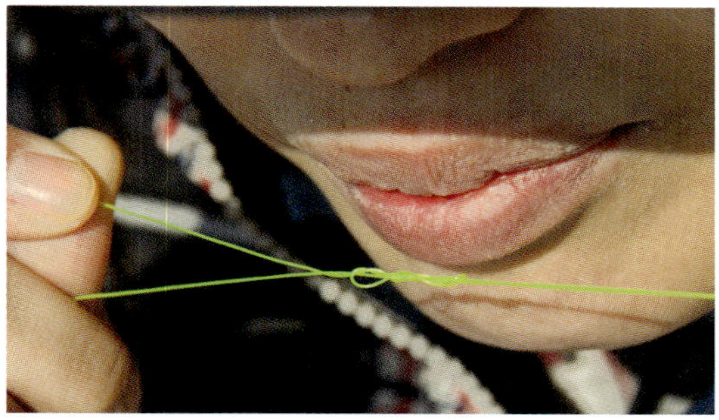

結び目を湿らせてから締め込む

締め込む際の摩擦熱でイトが傷むのを防ぐため、結び目を唾液などで湿らせてから締め込もう。

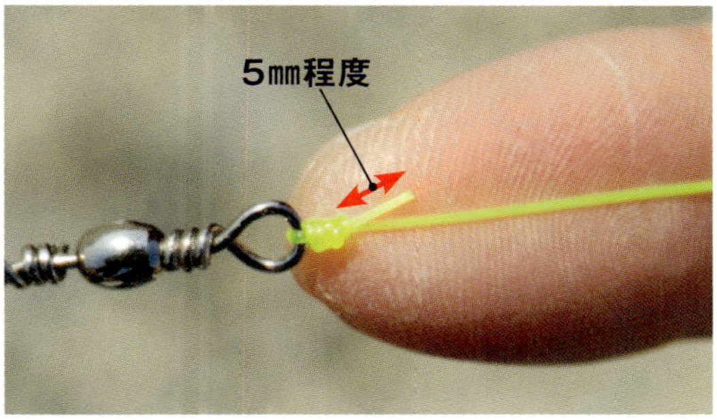

ヒゲの長さは5㎜が目安

ヒゲは長すぎると仕掛けが絡む原因になり、短すぎるとすっぽ抜けやすくなる。5㎜を目安にしよう。

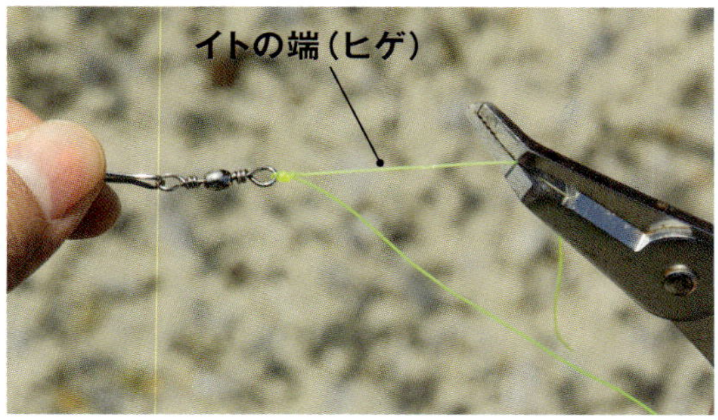

ヒゲをしっかり引っ張る

すっぽ抜けを防ぐために、イトの端（通称・ヒゲ）を強く引っ張り、確実に結び目を締め込むことが大切。

釣りをしている最中にもチェック

結び目は徐々に緩んだり傷んだりすることがある。ときおり結び目をチェックして、結び直そう。

イトを巻き付ける回数

巻き付ける回数が多いほど、結び目の強度は高まる傾向がある。とくに細いイトでは、多めに巻こう。

LINK イトの結び方（➡ P.28）、ノベ竿の釣り（➡ P.48）

ユニノット

ミチイトと接続具を結ぶ、代表的な結び方。端イトを絡める回数は4～5回を目安に。細いイトでは、先端を折り返して二重にしたうえで結ぶと、強度が格段にアップする。

❶

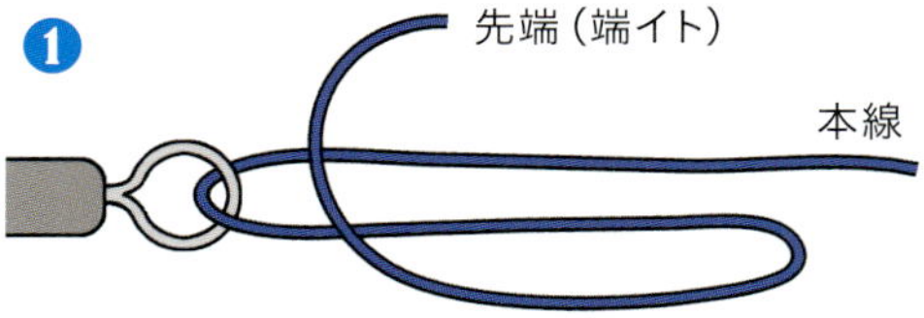

接続具などの環の中にミチイトの先端を通し、10cmほど折り返す。さらにミチイトの先端を折り返してループをつくりながら、環の近くで2本のミチイトを束ねるように交差させる。

❷

ミチイトの先端を4～5回、輪にくぐらせる。ミチイトが緩まないように注意。

❸

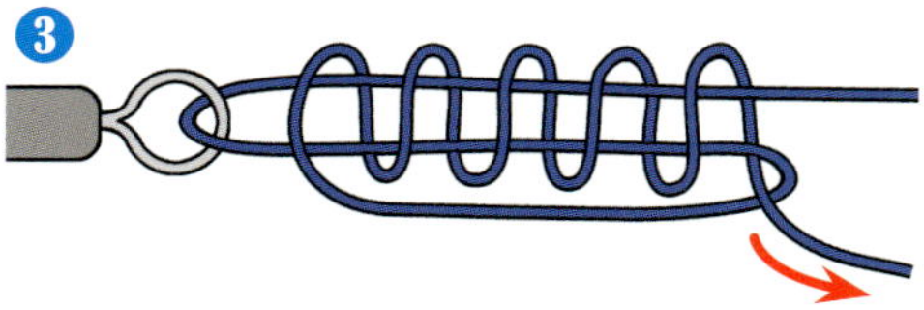

ミチイトの先端を軽く引いて結び目をつくる。

❹

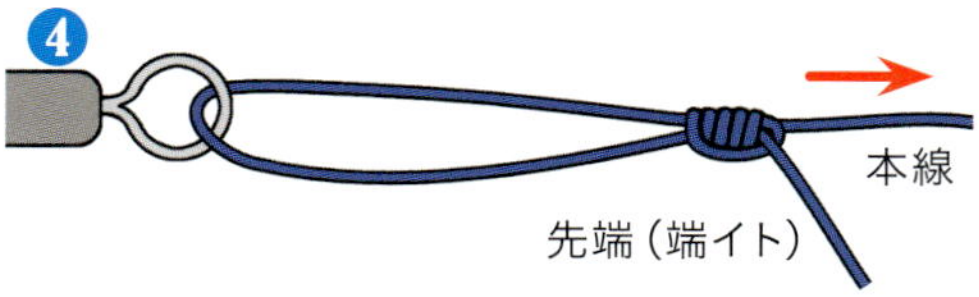

本線側を引いて、環のそばまで結び目を移動させる。ゆっくり行うとミチイトがよれにくい。

❺

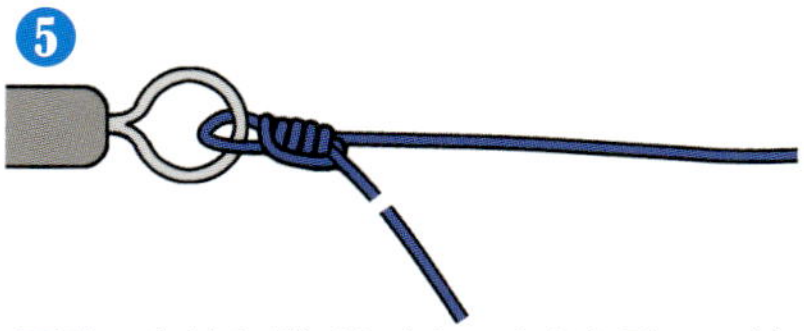

再度、本線と端イトをしっかりと引いて締め込み、余分の端イトをカットする。

チチワ結び

ノベ竿の穂先（リリアン）とミチイトを繋ぐための結び方。リリアンの先端には、あらかじめ一重結びなどでコブをつくっておき、そのすぐ手前に結び目がくるようにする。

❶

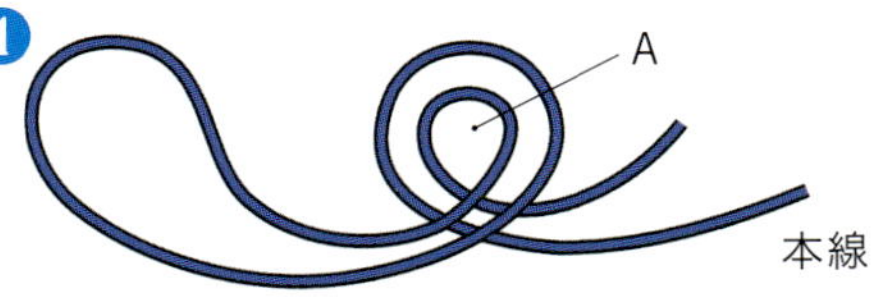

ミチイトの上端を折り返して、10cmほどの長さを取る。次に小さなループをつくる。

❷

❶でつくったループ（A）に人差し指を入れて、そこを軸にして左右方向に1～2回ねじる。指を入れた部分にミチイトの折り返し部分を下から上に通し、引っ張って結び目をつくる。

❸

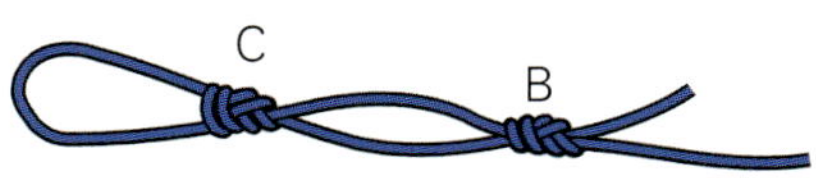

❷でつくった結び目（B）から、4～5cmほど間隔をあけて、先端側に結び目（C）を❶～❷と同様につくる。全体の長さは5～6cmが目安。

❹

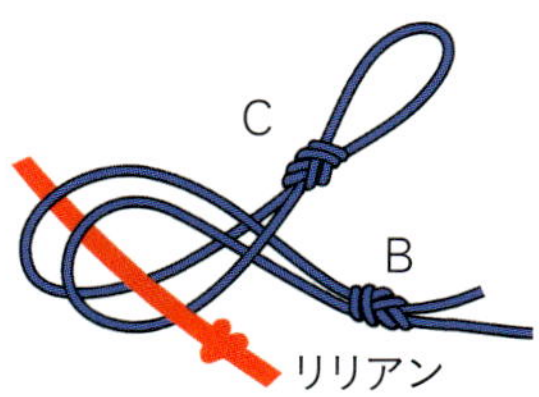

Bの結び目をふたつの結び目の間に通し、そのときできたループの中に、ノベ竿の先端にあるリリアンを通す。

❺

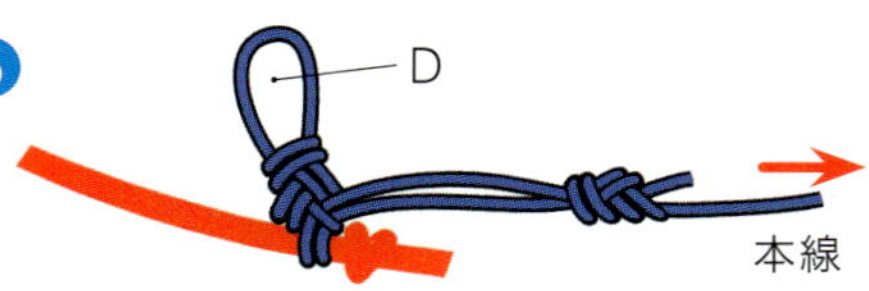

最後に本線を引っ張れば完成。ミチイトを外すときは、小さな輪（D）を引っ張る。

電車結び

改良8の字結び同様、イト同士を結ぶ方法だが、双方のイトの太さが異なっても、長いイト同士でも結びやすいのが利点。ユニノットと同じ手順なので、難しくはない。

❶

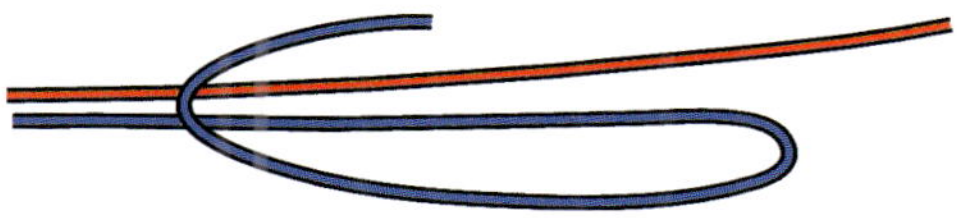

片方のイトの端で輪（ループ）をつくる。

❷

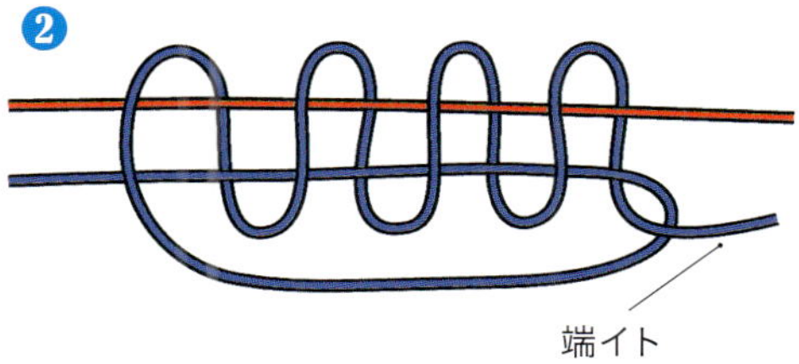

片方のイトで、もう片方のイトを取り込むように4回ほど絡め、端イトを引っ張る。

❸

もう片方のイトでも、❶～❷を繰り返して、左右対称になるように結び目をつくる。

❹

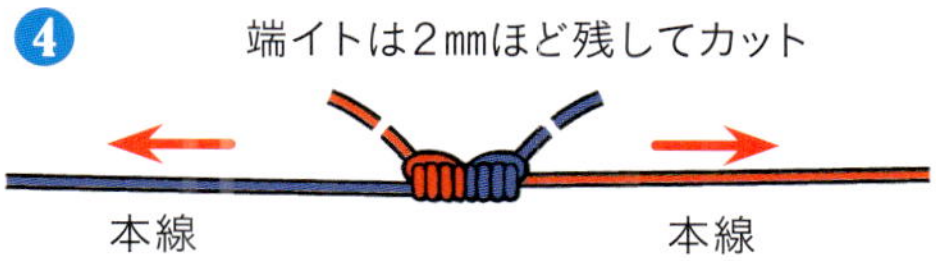

本線同士を引っ張り、ふたつの結び目を接続する。最後に端イトを引き締めて完成。

改良8の字結び

ミチイトと、長さの短い先イトやハリスを接続する結び方。簡単で、素早く結べるのが一番のメリットといえる。結び目部分をあらかじめ湿らせておくと、よく締まる。

❶

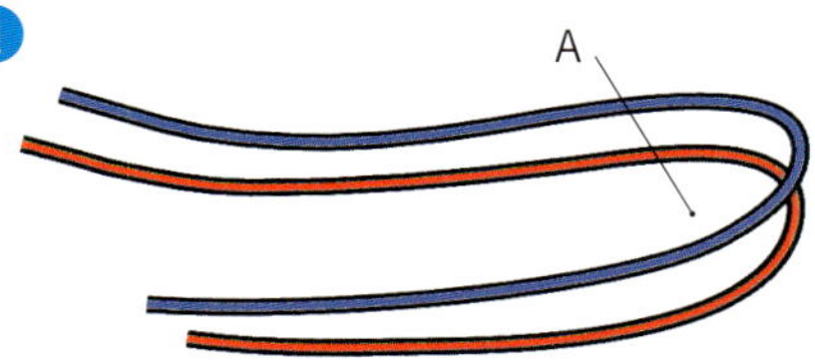

2本のイト（ミチイトとハリスなど）を重ね合わせて折り返す。折り返しの長さは10㎝程度が目安。ここでは青が短いイト（ハリス）とする。

❷

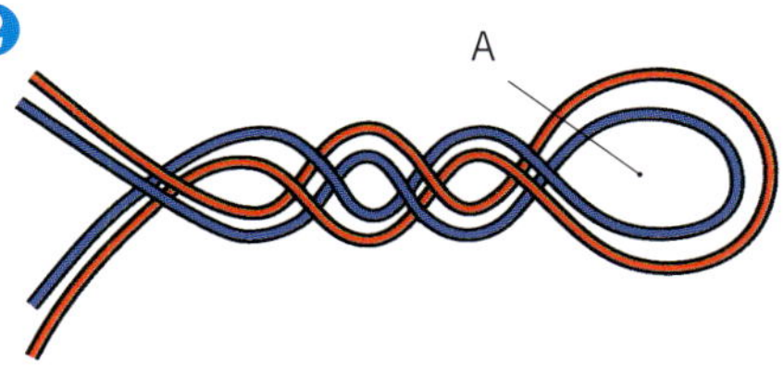

折り返した部分（A）に人差し指を入れて、そこを軸にして左右方向に2～3回ねじる。

❸

Aの部分に青（短いイト）の本線と、赤（ミチイト）の端イトをそろえ、上から下に通す。

❹

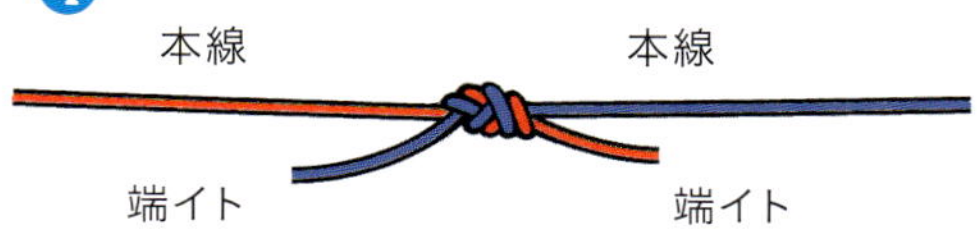

結び目を軽く引き締め、次に本線同士をゆっくりと引き締めれば完成。余分の端イトはカット。

LINK FGノット（➡P.104）、外掛け結び（➡P.158）、一重結び（➡P.159）

基本的な釣りエサの選び方とハリ付けの方法を知ろう！

釣り道具と同じく、釣りエサも対象魚や釣り方に応じてさまざまなものが使われる。主要なエサの使い方を知っておけば、岸釣り・船釣りに関わらず、多くのエサ釣りで対応できるようになる。

海釣りで一般的に使われる釣りエサ

ウキ釣りやチョイ投げ釣り、船釣りなどでは、虫エサやオキアミ、アミエビが多用される。虫エサに似せて人工的につくられたエサは、保存性が高いのがメリット。

オキアミ

多くの魚種が好むエサで、とくにウキ釣りでは多用される。冷凍ブロック状態のものもある。

虫エサ

アオイソメ（写真）、ジャリメ、イワイソメなど、イソメの仲間。ポピュラーなのはアオイソメ。

人工エサ

虫エサを模してつくられ、「人工ワーム」とも呼ばれる。虫エサが苦手な人にはおすすめだ。

アミエビ

オキアミより小振り。オキアミ同様、ウキ釣りでよく使われる。寄せエサ用のものもある。

釣果を左右する大切な知識

釣りエサの選び方とハリ付けは、基本的、かつ重要なテクニック。岸からのウキ釣りではオキアミやアミエビ、チョイ投げ釣りでは虫エサが多用される。船釣りでは、対象魚に応じて魚やイカの切り身、エビなども使われる。

ハリ付けは、釣り方や対象魚によって多少異なるが、簡単にハリから外れてしまわないよう、しっかり掛けることが大切。仕掛けを投入したまま魚が食い付くのをじっと待つような釣りでは、小魚につつかれても残っているよう、2〜3匹の虫エサをまとめてハリ掛けすることもある。

釣りエサをハリ付けする

ハリに釣りエサをきちんと掛けるのは、釣果にも影響を及ぼす大切なテクニック。まずは、ここで解説する虫エサの3通りのハリ付け方法と、オキアミのハリ付け方法を覚えておこう。

縫い刺し

虫エサの頭部にハリ先を刺し、途中で抜く。さらに虫エサをハリで縫っていくイメージで、数回繰り返す。

虫エサが団子状になるまで縫い刺しして完成。チョン掛けよりも面倒だが、ボリュームのあるエサを好む魚に向く。

チョン掛け

片手の人差し指と親指でイソメをつまみ、もう一方の手でハリの軸（まっすぐな部分）を持って虫エサの頭の横からハリ先を刺す。

頭だけをハリ掛け。ハリが中心を通るようにする。エサの動きを損なわない方法で、ウキ釣りなどで多用される。

腹掛け

オキアミやアミエビをハリ掛けする基本的な方法（写真はオキアミ）。尾羽を取り去って、その切り口からハリを刺し、腹側に抜く。

ハリのカーブと、オキアミの背中の丸みが同じになるようにする。ただし、深場を釣る場合は、オキアミをまっすぐにするとよい。

通し刺し

虫エサの頭の横からハリ先を刺し、虫エサのほうを動かして、ハリの軸全体が虫エサのなかに入るまで刺し入れる。

チョン掛けよりもしっかりハリに付いているのが利点。勢いよく仕掛けを投げてもエサがハリから取れにくい。

1-7

ハリの上手な外し方

ケガをしないように 正しい外し方を覚えよう!

魚が釣れたらハリを外さなければならない。やり方を覚えれば簡単に手で外すことができるが、ハリが飲まれてしまったときは道具が必要。また、触ると危ない魚がいることも知っておこう。

魚のつかみ方

トゲなどがない魚であれば、素手でつかむことができる。トゲのある魚やヌルヌルした魚をつかむときは、魚バサミを使ったほうが安全・確実に行える。

▶素手でつかむ場合

小型の魚は、ヒレのトゲが手に引っ掛からないよう、頭から矢印の向きに手の中に滑り込ませる。タオルや軍手でつかめば、滑ったり、手が汚れたりすることも防げる。カサゴなど、アゴが大きく歯が鋭くない魚は、アゴをつかむのも手。

◀魚バサミを使う

滑りやすい魚、トゲのある魚は、魚バサミでつかむ。トゲのある魚からハリを外す際は、手ではなく、プライヤーなどを使ってケガを防ごう。

魚をしっかりつかむのがハリ外しのコツ

掛かったハリを外すのは、意外と大変な作業。コツは、魚をしっかりとつかむことだが、魚の体表はヌルヌルしていたり、トゲがあったりしてつかみにくい。素手でつかみにくい場合、あるいは、魚に直接触りたくない人は、タオルや魚バサミを使うといい。

ハリ外しは、プライヤー(P.21)を使ったほうが安全で、力も入れやすい。先端が細長く、ハリの軸をつかみやすいものがベスト。ただし、プライヤーでハリを外すと、力の入れすぎでハリを傷つけてしまうことがある。できれば手で外せるようになろう。

魚からハリを外す

とくに小さなハリを使っているときはプライヤーで外したほうが簡単だが、慣れてしまえば手のほうが素早い。ハリを飲み込まれてしまったときの対処方法も覚えておこう。

ハリ外しを使う

ハリ外しの先端部にハリスを通しながら口の中に入れる。

ハリ外しの先端部にハリが引っ掛かったら、ハリ外しをひねってハリ掛かりを緩めてやる。

掛かりが緩まったら、そのまま引き抜く。これで抜けない場合は、ハリ外しでハリを押し込んでみるのもひとつの方法だ。

プライヤーで外す

指の代わりに、プライヤーでハリの軸をつまんで外す。先端が細くなっている、釣り用のプライヤーが使いやすい。

ハリスを切る

ハリスを引っ張ってもハリの軸が出てこないときは、ハリスを切ってしまうのが手だ。ただし、食べるときはハリに注意。

手でハリを外す

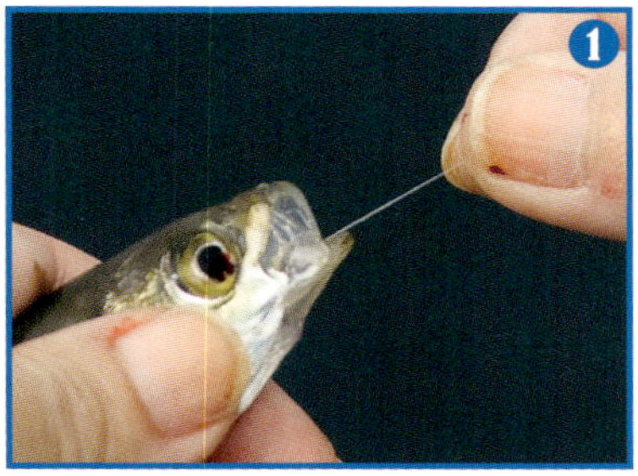

魚をしっかりと固定し、利き手の指でハリス（ハリのすぐ上の部分）をつかむ。

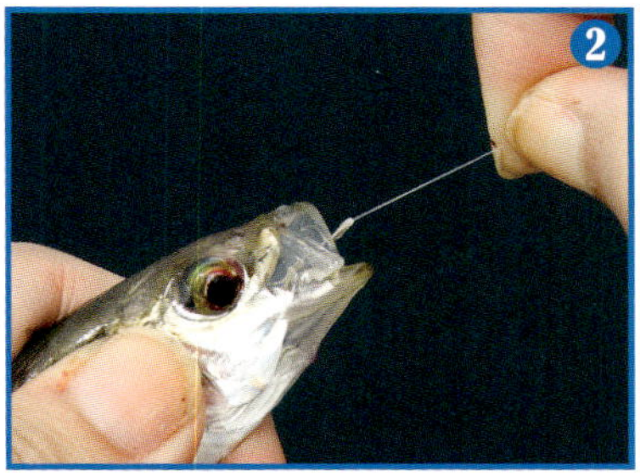

ハリが飲まれているときは、ハリスを引っ張り、ハリの軸が口から出た状態にする。

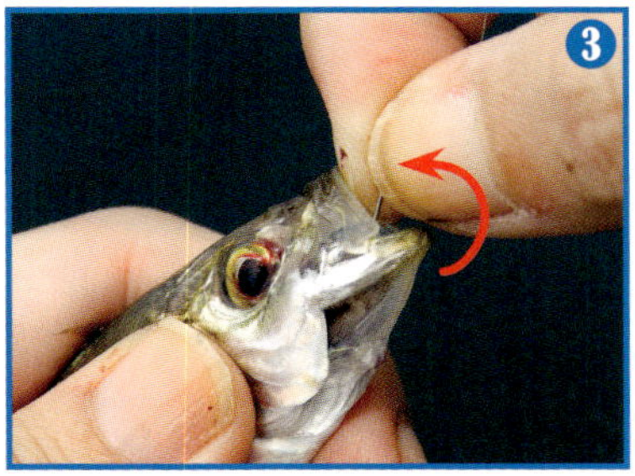

ハリの軸を親指と人差し指でつまみ、ハリ先と反対方向に弧を描くように動かす。

ハリ外し完了。歯の鋭い魚の場合は、ハリスをチェックし、傷ついていたら交換すること。

釣りに行く計画の立て方

釣れるときに釣れる場所へ行くことが肝心！

釣りに行く場所や日程は、釣り人の都合で決まることが多い。だが、その日、その場所で魚が釣れるのかどうかを想定することも大切だ。釣り場の候補をいくつか上げて、もっとも有望な場所を選ぼう。

釣れる情報を仕入れる

釣りに行く日が近づいたら、インターネットなどで釣れ具合を調べよう。当日は、エサなどの入手ついでに、現地の釣具店でより詳しい情報を聞くといい。

インターネットで調べる

ここ最近、あるいは一年前の同じ時期の釣果を調べるには、インターネットの釣果情報も有用だ。

現地の釣具店で聞く

釣り場近くの釣具店の多くでは、最近の釣果だけでなく、釣り場の詳しいポイントや、釣り方のコツなども教えてもらえる。

釣り場選びが釣果を分ける最大のカギ

釣りをするにあたっては、日程が仕事や学校などの休みに限定されるのが普通。その貴重な釣行日に釣れそうな場所を選ぶには、情報収集が大切になる。まず天気や風の強さ・向きを調べるのが第一。安全に釣りができる場所を複数あげたら、最近の釣果を調べ、有望な釣り場や遊漁船を選び出そう。

ただし、前日までよく釣れていても、釣りの当日に条件が急変することはある。潮の動きや日照、水温変化などで、魚の活性（積極的にエサを獲るかどうか）は大きく変わるものだと知っておこう。

釣果を左右する自然条件

魚は四六時中エサを捕食するわけではない。魚の活性が高まるときを「時合(じあ)い」というが、これをイメージできるようになると、集中して釣りができる。活性に影響する要素を理解しよう。

水温

水は空気より暖まりにくいので、海の中と陸上では季節が1～2カ月ズレることを知っておこう。前日と比べて、水温がどう変わったかも釣果に影響する。

潮の動き

潮の流れは、堤防などにぶつかって変化する。写真のように水面がモヤモヤとしている場所では流れの変化があるので、エサが溜まりやすい。

水の透明度

水の透明度が高すぎると、魚が警戒しやすくなるので多少の濁りがあったほうが有望。また、凪よりも、多少の波があるときのほうが、魚の警戒心が弱まる。

日照

魚は外敵から身を隠すため、晴天の日中は深いところや障害物の影に隠れがち。逆に、朝夕や曇り・雨の日は、浅いところで釣りやすくなる傾向がある。

西野's ADVICE

潮まわりを調べよう！

潮の動き（流れ）は、潮まわりによって変わる。干潮・満潮の潮位差が大きい大潮(おおしお)のときは速く、潮位差の小さい小潮(こしお)や若潮(わかしお)、長潮(ながしお)のときは遅くなる傾向がある。一般的には潮が動いているときのほうがよく釣れるとされるので、大潮～中潮(なかしお)まわりが狙い目。

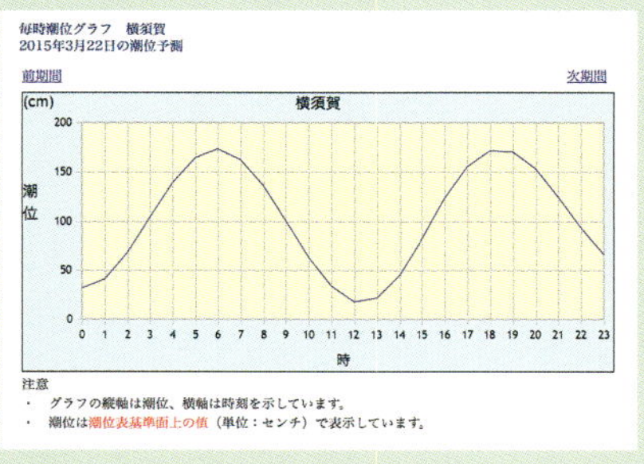

潮まわりがわかる「潮位表」は、インターネットで調べられるほか、釣具店などでも売られている。写真は気象庁のウェブサイトで閲覧できる「毎時潮位グラフ」。

安全・快適な釣りの装備

服装や装備を万全に！天候への配慮も怠りなく

海釣りに限らず、野外の遊びでは自然環境に対応できる装備が必要になる。水に落ちても体を浮かせてくれるライフベストや、雨風を防ぐ雨具などは、季節を問わず必ず用意しよう。

ライフベストは必ず着用

浮力体が入ったライフベストは、釣り場に着いたらすぐに着用しよう。タイプはいくつかあるが、岸釣りでは発泡材が入った釣り用のものがおすすめ。

正しく着用することが大切

浮力が十分でも、水に落ちたときに脱げては意味がない。バックルをはめ、ベルトや股ヒモをしっかり締めておこう。

◀釣り用ライフベスト

中に発泡材でできた浮力体が入ったライフベスト。ポケットが多いと小物の収納に便利だが、入れるものが重くなりすぎると浮力が足りなくなるので注意。

◀膨張式ライフベスト

炭酸ガスボンベが入っていて、水に落ちたり、自分でヒモを引いたりすると膨張するタイプ。腰に巻くものと、肩からかけるものがある。

安全装備を着用して釣りを存分に楽しもう

釣りにまつわる事故で、もっとも深刻なのは落水（海に落ちること）。足場が安定している堤防では、足を滑らせることはめったにないが、万一、落水したときを想定し、助けを待つ間、浮いていられるようにするために、ライフベストを必ず着用しよう。遊漁船や貸ボート店、海釣り施設では、無料の貸し出しもある。

釣具店では子ども用を含めて、さまざまなライフベストが売られている。高価なものである必要はないが、自分の体格に合ったものを選ぶこと。購入の際に正しい着用方法も聞いておこう。

その他の安全・快適装備

安全に釣りを楽しむために、また、天候の急変に備えるために、雨具や帽子、偏光グラスなどを用意しよう。靴は、滑りにくい靴底のものがおすすめ。サンダルはケガしやすいので避けよう。

◀雨具

雨のときはもちろん、寒くなったときの防寒具としても使える。防水透湿性素材でできたものが快適。

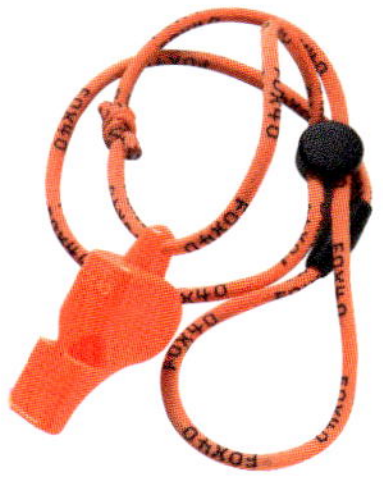

▶ホイッスル

落水したときなどに、助けを呼ぶために必要。水に濡れても鳴るタイプのものを選ぼう。

▲靴

夏場はスニーカー、寒い時期は長靴などがおすすめ。滑りにくいスパイクやフェルト底の靴もある。

▼偏光グラス・帽子

仕掛けなどが頭部にぶつかったときにケガを防ぐために必要。偏光グラスは水面のギラつきを抑え、目を守る。

季節に合った服装を選ぶ

下着、シャツ、保温着、ジャケットと重ね着して、気温に合わせて着脱することで、つねに快適な状態を保つことができる。下着やシャツは、吸った汗が素早く乾く、速乾性素材のものがいい。

肌寒い季節

保温性の高い下着を着用したうえで、シャツ、保温着で保温する。風が吹くと体感温度が下がるので、雨具や、防風性の高いジャケットを着用するといい。

暖かい季節

気温の高い夏を含め、日焼け対策として長袖シャツと長ズボンの着用が望ましい。春・秋は、寒くなったときのために、保温着と雨具を用意しておこう。

1-10

釣りのマナーとルール

事故やトラブルを未然に防ごう!

安全装備を身につければ、多くの事故やトラブルは防げるが、同時に周囲の釣り人や、釣り場の自然環境に対する配慮も必要。自然環境に対しては、危険を感じたらすぐに帰ることを心がけよう。

釣りのマナーを守る

釣り場で起きる小さなトラブルの多くは、ほかの釣り人や、釣り場周辺の住人との間で起きる。釣り場に行っても、普段の生活と同様のマナーを心がけよう。

知っておきたいマナー

ゴミ箱が設置されていない釣り場では、仕掛けなどの小さなゴミも必ず持ち帰ろう。寄せエサを使ったときは、堤防の上を洗い流しておくこと。また、他人の横に入るときは、必ずひと声かけて了解をとることが大切。

周囲の釣り人と自然環境を意識する

隣の釣り人に仕掛けをぶつけてしまったり、混雑している釣り場で無理やり割り込んでケンカになったり。トラブルのなかには、釣り人同士で起きるものが多い。釣り場にいるのは自分たちだけではないことを理解しよう。同時に、ゴミ処理や駐車方法などにも気を配り、漁業者や近隣住民に迷惑をかけないこと。

自然環境にまつわるトラブルにも注意。突然の大波のほか、夏場の雷なども、重大な事故につながる。とくに野外での遊びの経験が少ない人は、天候や波・風の急変に対して、十分な注意を払おう。

トラブルを回避するための知識

多くの事故やトラブルは、ちょっとした知識があれば防げる。自分の身を守るだけでなく、他人にケガなどをさせないために、最低でも下記のことを理解し、忘れないようにしよう。

危ない場所に立ち入らない

岸釣りでは、消波ブロックの上で釣りをしているベテランもいるが、落ちると上がるのが困難。深刻な事故も起きているので、決して立ち入らないようにしよう。

周囲の釣り人に注意！

とくに混雑した釣り場では、仕掛けを投入する際に、周囲にいる釣り人にハリが刺さるなどのトラブルが起こりえる。投入前に安全確認をしよう。

波の様子に注意を払う

穏やかに見える海でも、突然大波がやってくることがある。釣りをしている最中でも、ときおり沖の様子に注意を払い、異変を感じたらすぐにその場を離れよう。

漁業者の邪魔にならないようにする

漁業者が働いている近くでは釣りをしないのがマナー。漁港の入口付近では、出入りする船にミチイトなどが引っ掛からないよう、十分に注意しよう。

これはNG!

落水しても慌てない

万一、落水したときに、もっとも陥りやすいのは慌てて泳いで体力を消耗してしまうこと。潮の流れに逆らって泳ぐのは非常に難しいので、安全に上がれる場所が近くにあるとき以外は、落ち着いて仰向けで浮き、大声で周囲に救助を求めよう。船釣りではホイッスルを吹いて自分の存在を知らせるのが先決。

COLUMN 01

釣具店との上手な付き合い方

釣り堀や海釣り施設であれば、道具がなくても釣りをすることは可能だが、堤防などで釣りをはじめようと思ったら、事前に釣り道具をそろえる必要がある。

近年は、釣り道具の購入に、インターネットの通販サイトを利用する人も多いが、ビギナーにおすすめしたいのは釣具の量販店。どんな釣りをしてみたいか、どこへ行ってみたいかなどを伝えれば、それに適した釣り道具をそろえてくれるほか、釣り場選びや釣り方のアドバイスもしてくれる。

一方、釣り場付近の、個人経営の釣具店では、釣れるポイントや時間帯といった、より詳細な情報を得られることが多い。釣り場へ行く前に、エサや仕掛けなどを買いに釣具店に立ち寄り、いろいろと話を聞いてみよう。雑誌やインターネットではわかりづらい、生の情報が聞けるだろう。

船釣りでは、利用する船宿に道具や仕掛けのことを詳しく聞き、必要なものを釣具店で購入するのが一番。船宿オリジナルの釣り具や仕掛けを入手するのもいい。自然を相手にしたレジャーなので、人の声を重視して情報収集しよう。

PART
2

岸釣り入門

お金がかからず、行きたいときにいつでも行けるのが岸釣りのいいところ。釣り方はさまざまだが、対象魚やフィールドに合った方法で、最初の一歩を踏み出してみよう。

2-1 岸釣りが楽しめるフィールド

堤防、砂浜、磯と釣り場は多彩 フィールドで対象魚も変わる！

対象魚によって、狙いやすい釣り場は変わってくる。もっとも多彩な魚が釣れて、かつ、ビギナーが安心して釣りができるのは、足場のいい堤防。釣り専用の海釣り施設もおすすめだ。

ビギナーにおすすめの岸釣りフィールド

足場が平坦で広い堤防や漁港、埠頭では安心して釣りができる。また、転落防止の柵などの設備が整った海釣り施設も、安全を確保しやすいのでおすすめだ。

▶堤防（波止）・漁港・埠頭

足場が広い堤防や漁港、埠頭は好フィールド。なかには車が横付けできるところもある。ただし、釣りのための施設ではないので、すべての場所が釣りに向いているとはいえない。また、立入り禁止区域には、絶対に入らないこと。

◀海釣り施設

釣りのためにつくられた、あるいは改修された桟橋や海釣り施設（海釣り公園）は、柵や救命浮環などが設置され、安全性が高い。詳しくは46ページで解説しよう。

安全が確保しやすい堤防がおすすめ！

岸釣りのフィールドは、堤防や漁港、埠頭のほか、河口域、砂浜、ゴロタ浜（石や岩の浜）、磯（岩礁帯）などがある。仕掛けをポイントまで届かせることができれば、どんなフィールドでも釣りは成り立つわけだが、もうひとつ、安全性にも注目したい。

足場が広く、平坦な堤防などは、ビギナーでも安心して釣りができる。一方、ゴロタ浜や磯は、足元が不安定になるので、専用のシューズなどを着用して臨みたい。砂浜はおしなべてポイントが遠いが、魚が接岸する時期には好フィールドになりえる。

その他の岸釣りフィールド

装備に気をつかう必要はあるが、ポイントまで仕掛けを届かせることができれば、海岸線すべてが岸釣りのフィールドになる。対象魚によっては、堤防以外のほうが釣りやすいことも多い。

砂浜

シロギスやイシモチ、カレイ、マゴチなど、砂地底を好む魚は多い。産卵のために接岸する時期を狙えば、比較的近いポイントでも十分に釣りになる。

河口

淡水と海水が入り交じる汽水域は、ハゼやスズキ、クロダイなどがとくに好む場所。コンクリートの護岸や堤防などからなら、安心して釣りができる。

磯（岩礁帯）

カサゴやムラソイ、クロダイ、メジナなどが狙えるフィールド。内湾の波穏やかな磯ならビギナーでも楽しめるが、滑らないよう、スパイク底などの靴が必要。

ゴロタ浜

岩の隙間や、沖のカケアガリは、カサゴやムラソイ、クロダイ、メジナなどの好ポイント。足元が不安定なので、足首までカバーする靴を履いていこう。

CHECK!

周辺の施設やお店をチェック！

海釣り施設を除き、釣り人のためにトイレや駐車場、水場などを完備している釣り場はけっして多くはない。釣り場を選ぶ際は、こうした施設に加え、釣具店やコンビニエンスストアなどが近くにあるかどうかもチェックしよう。こうした施設の有無は、釣りの快適さを左右する。

付近にトイレ（上）や駐車場があるフィールドがおすすめ。釣具店（左）があると便利。

LINK 釣りに行く計画の立て方（➡P.34）、安全・快適な釣りの装備（➡P.36）、釣りのマナーとルール（➡P.38）

2-2

岸釣りの主なポイント

地形や水の流れに変化があるところが有望だ！

釣りのポイントは、魚が身を隠しやすく、エサを獲りやすい場所。とくに潮の流れが堤防などにぶつかって変化するところは、エサとなる小動物が溜まりやすく、絶好のポイントとなることが多い。

ゴロタ浜
砂ではなく、石や岩でできた浜が「ゴロタ浜」。ソイやカサゴなど、障害物まわりを好む魚が狙える。水深50㎝以内の浅いところもチェックしよう。
河口付近
淡水と海水が入り交じる「汽水域」は、エサ生物が豊富なため、それを食べに多くの魚が集まってくる。
小磯
岩礁でできた磯場には魚が潜む場所がたくさんある。「小磯」と呼ばれる、あまり荒々しくない磯場がおすすめ。
周囲の障害物
根は、魚が着きやすいポイント。根が点在しているところでは、それらの間を探ってみよう。根の存在は、透明度の高い場所なら目で見て確認できる。

ちょっとした変化を見逃さないようにする

ポイント（釣れる場所）は魚種やフィールドによって異なるが、基本的には「魚がエサを獲るところ」と考えればよい。**それを探すキーワードとなるのが「変化」**。たとえば海底の傾斜が急に変化するところを「カケアガリ」と呼ぶが、これは底付近を泳ぐ魚に共通するポイント。ほかに「根」と呼ばれる水中の岩礁も好ポイントになる。

こうした海底の地形変化以外に注目したいのが、水の流れの変化。海中には強さや方向の異なる水流が発生していて、堤防に当たったり、あるいは水流同士がぶつかったりすることで水の流れに変化が生まれる。魚のエサとなる生物が溜まりやすくなり、釣りの好ポイントになる。

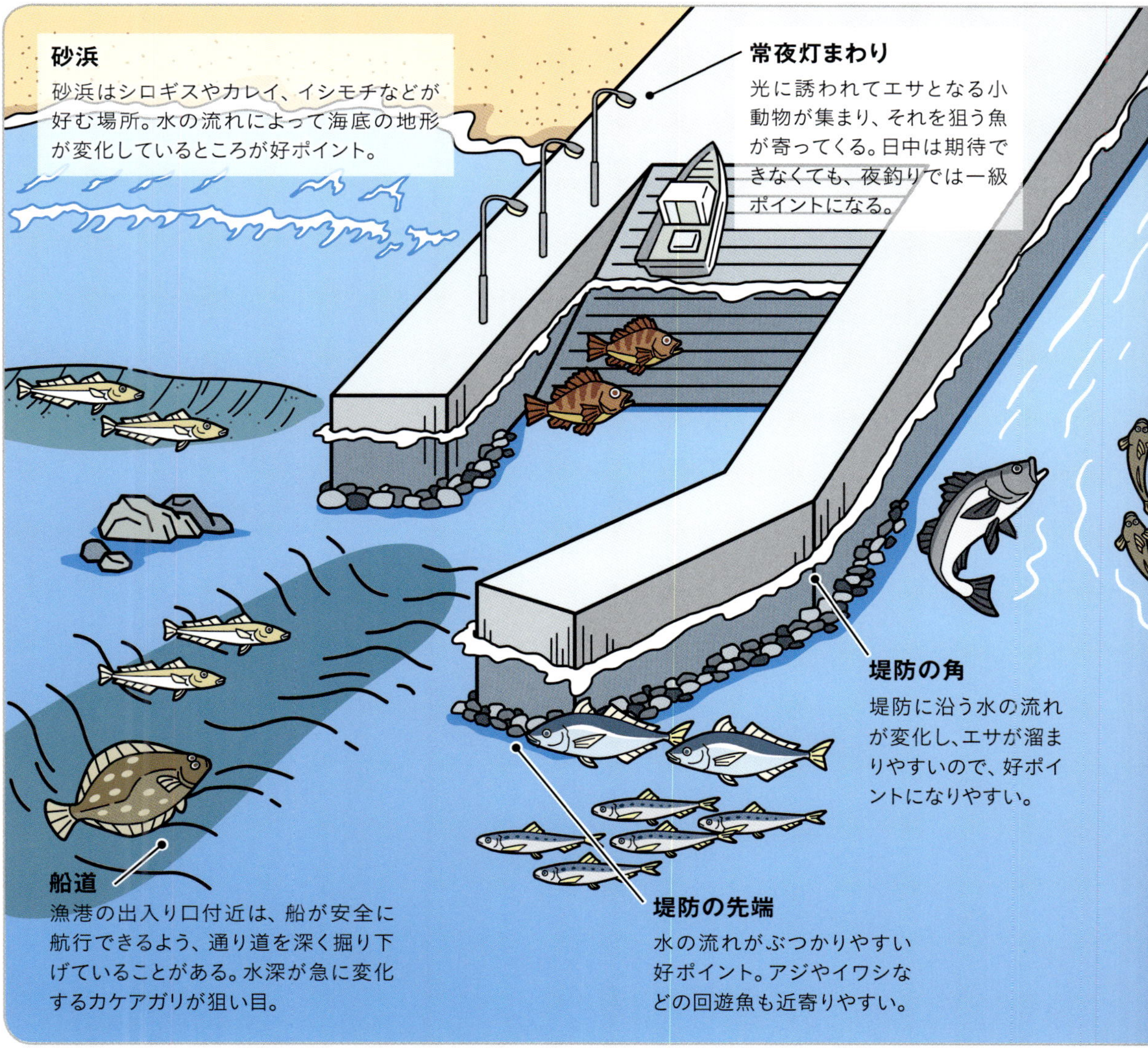

砂浜
砂浜はシロギスやカレイ、イシモチなどが好む場所。水の流れによって海底の地形が変化しているところが好ポイント。
常夜灯まわり
光に誘われてエサとなる小動物が集まり、それを狙う魚が寄ってくる。日中は期待できなくても、夜釣りでは一級ポイントになる。
堤防の角
堤防に沿う水の流れが変化し、エサが溜まりやすいので、好ポイントになりやすい。
船道
漁港の出入り口付近は、船が安全に航行できるよう、通り道を深く掘り下げていることがある。水深が急に変化するカケアガリが狙い目。
堤防の先端
水の流れがぶつかりやすい好ポイント。アジやイワシなどの回遊魚も近寄りやすい。

海釣り施設の利用方法

安全・便利に釣りが楽しめる海釣り施設を活用しよう！

安全性や利便性を高める設備が整った海釣り施設。とくに有料の施設は設備が充実しており、ビギナーでも快適に釣りができる。ウェブサイトなどで釣果(ちょうか)を調べられるので、計画も立てやすい。

海釣り施設のタイプ

海釣り施設には、海に突き出した桟橋(さんばし)・堤防と、護岸を利用したタイプがある。利用面では無料と有料に分けられるが、設備が充実しているのは後者。

設備が整った有料釣り場

有料釣り場の多くは管理棟をもち、受付で料金を支払ってから利用する。利用料金は1日大人1,000円、子ども500円程度が目安。貸し竿などには別途料金がかかるのが一般的。

桟橋(さんばし)タイプと堤防タイプ

写真はいずれも海に突き出した釣り場だが、上は桟橋タイプ、下は堤防タイプ。桟橋タイプは足元を潮が流れるので、回遊する魚が近くまで寄りやすい。

手ぶらで楽しめる海釣り施設もある！

42ページでも触れたように、堤防釣り場のなかには、釣りのために整備された有料・無料の海釣り施設がある。

無料の施設の多くは、トイレや駐車場があるほか、足場を整備している程度だが、漁業者などに迷惑をかける気づかいなく、のびのびと釣りが楽しめるのが利点。一方、有料の施設では、釣り具の販売・レンタル、ライフベストの貸し出しなど、手ぶらで出かけても釣りができるところがあるほど。なかにはスタッフが釣り方を指導してくれるところもあり、ビギナーにはとくにおすすめだ。

設備が充実している有料海釣り施設

有料の海釣り施設の多くは、釣り人の利便性を考えた設備が充実しているのがうれしい。エサや氷、仕掛けなどが販売されていれば、釣り場に行く前に釣具店に立ち寄る手間も省ける。

魚をさばく場所

さばき場があれば、釣った魚を下ごしらえして持ち帰ることが可能。

食堂

売店のほか、軽食がとれる食堂を備えた海釣り施設もある。

釣り具の販売・レンタル

釣り具や仕掛け、エサなどを販売。釣り竿の貸し出しがあるところも。

利用する際の注意点

海釣り施設の多くは、釣り方や利用方法に関するルールなどを設けている。ウェブサイトが充実している海釣り施設であれば、釣果とともにルールも事前に確認できる。

混雑時の注意

人気の海釣り施設は、休日ともなるとかなり混雑する。周囲の人への気配りは、堤防以上に必要。

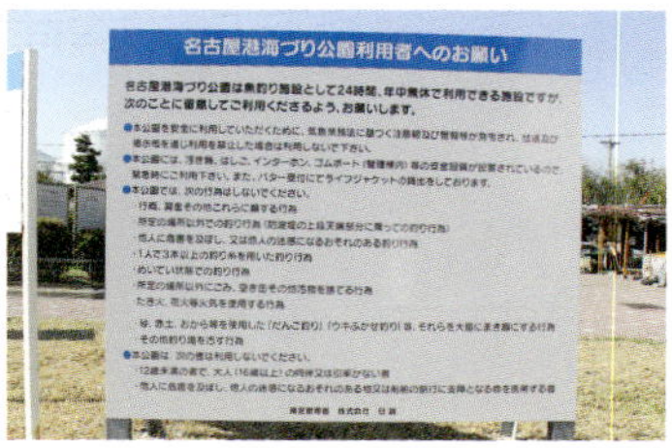

ルールを守る

海釣り施設のルールは、事故を防ぐためのものがほとんど。釣り方も制限されていることがある。

事前に情報をチェック

よく管理されている海釣り施設は、釣果情報も充実している。事前になにが釣れているかを調べよう。

西野's ADVICE

海上釣り堀も楽しい！

「安心・安全」に加えて確実な釣果が期待できるのは海上釣り堀。イケスのなかに養殖された魚を放流するスタイルが一般的だが、マダイやワラサ、シマアジなどの高級魚も釣れる。強烈な引きを味わいたい人にはおすすめ。

とくに関西地方で人気の高い海上釣り堀。スタッフが魚をさばいてくれるところもある。

LINK 釣り竿の扱い方（➡ P.22）、安全対策（➡ P.36）

2-4

ノベ竿のウキ釣りの基本

シンプルな仕掛けで魚の引きを存分に味わえる！

ノベ竿を使ったウキ釣りは、道具立てがシンプルで初心者にも理解しやすい。魚がハリ掛かりしたときの「引き」は、リール竿より直接的。魚とのやりとりを存分に楽しめるのも魅力といえる。

ノベ竿のウキ釣りの魅力

魚の引きをダイレクトに感じられるのが、ノベ竿のウキ釣りの醍醐味。探れる範囲が狭いのでポイント選びが重要だが、それだけに釣れたときの感動は大きい。

▶魚の引きを堪能できる！

手のひらサイズの魚でも、ハリ掛かりすると、竿をグイグイと曲げる力強さを見せる。ノベ竿のウキ釣りは、堤防の周囲にいる魚と遊ぶ楽しさを、最大限に味わえる釣り方といえる。

◀じっくり狙うのも楽しい！

初夏～秋口はさまざまな魚が狙え、五目釣り的な楽しみ方が可能。ただし、狙いを絞りにくい。冬期は釣れる魚の種類が少ないが、反面、狙いが絞りやすい。

ビギナーにおすすめの基本となる釣り方

釣りをやったことのない人でも、ウキ釣りのイメージはもっているはず。水面に浮かんだウキが沈むことで、アタリ（魚がエサをつついたり、ハリに掛かったりすること）を捉えるという、誰にでもわかりやすい釣り方といえる。

リール竿を使うウキ釣りもあるが、ここで解説するのはノベ竿を使った釣り方。釣り竿の長さに慣れてしまえば、リールを使わない分、簡単にはじめられる。仕掛けを遠くへ投げることはできないが、足元付近は堤防釣りの好ポイント。リール竿での釣り以上の釣果も期待できる。

ノベ竿のウキ釣りの主な対象魚

堤防のきわや根（ね）のまわりなど、障害物の近くを好む魚が狙いやすい。サヨリやアジなども狙えるが、外海を回遊する魚なので、エサを求めて岸の近くに寄ってくるタイミングを逃さないことが大切。

メバル

ウミタナゴ同様、障害物のまわりに群れる魚。春先に釣れはじめることから「春告魚（はるつげうお）」とも呼ばれる。

ウミタナゴ

水深の浅い、海藻などが生える根のまわりに棲息する。一年中釣れるが、冬〜春に釣りやすくなる。

メジナ

磯釣りで人気の対象魚だが、堤防からも一年中釣果が望める。体長20㎝を超すと、引きも強烈。

ノベ竿のウキ釣りに必要な装備

寄せエサを使う一般的な釣り方では、コマセバケツやヒシャク、水くみバケツが必須。大きめのバッグなどにまとめて運ぶと、移動がラクになる。魚を持ち帰るならクーラーボックスも忘れずに。

あると便利な装備

付けエサは購入時のパックのままだと、風に飛ばされることがあるので、エサ箱に移しておくといい。

寄せエサを扱うための道具

寄せエサを入れるコマセバケツ（左）と寄せエサをまくヒシャク（中）、それに水くみバケツ（右）が必要。

ノベ竿のウキ釣りに使われるエサ

魚を集めるための「寄せエサ」と、ハリに付ける「付けエサ」を用意する。アミエビを使う場合は、寄せエサのブロックの中から、崩れていないアミエビを付けエサにするのも手。

寄せエサ

ポピュラーなのはアミエビ。冷凍ブロックを、海水を張ったコマセバケツの中に入れて溶かし、エキスが出た海水だけをまくのが基本。

付けエサ

アミエビ（写真）のほか、より大きいオキアミや虫エサ、身エサなどが使われる。小型の魚を釣るときは、小さなアミエビがおすすめ。

LINK 海釣りの主な対象魚とシーズン（➡P.18）、海釣りに必要な道具（➡P.20）、ハリ付けの方法（➡P.31）

ノベ竿のウキ釣りの仕掛けと必要な釣り道具・仕掛け

仕掛けはいたってシンプル。竿は万能竿や渓流用・清流用の振り出し竿を使用する。ウキにはいくつかのタイプがあるので、それぞれの特徴を理解して使い分けるといい。

ウキ釣りの仕掛け

仕掛けの全長を竿と同じ長さにするのが基本。ノベ竿の穂先（リリアン）にミチイトをチチワ結びで接続し、ミチイトの途中にウキをセット。サルカンなどの接続具を介してユニノットなどでハリスをつなぐ。シモリウキは、ミチイトを通したら、先端を削ったマッチ棒の軸をシモリウキの穴に刺して固定する。ミチイトはナイロンの1〜1.5号が標準で、繊細な釣りには0.8号も使われる。

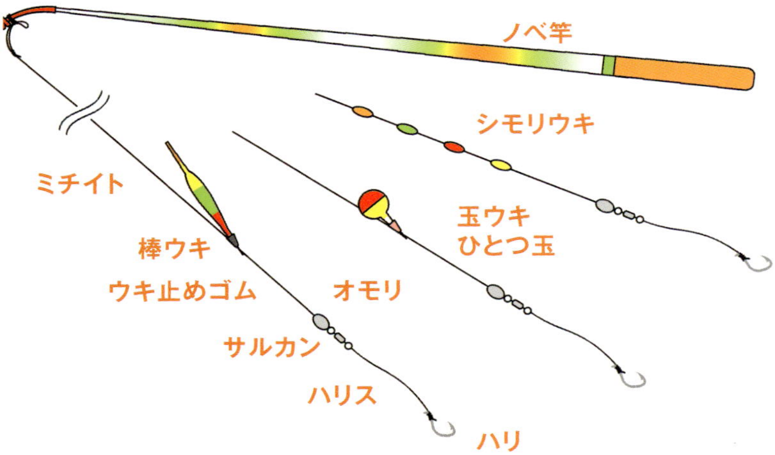

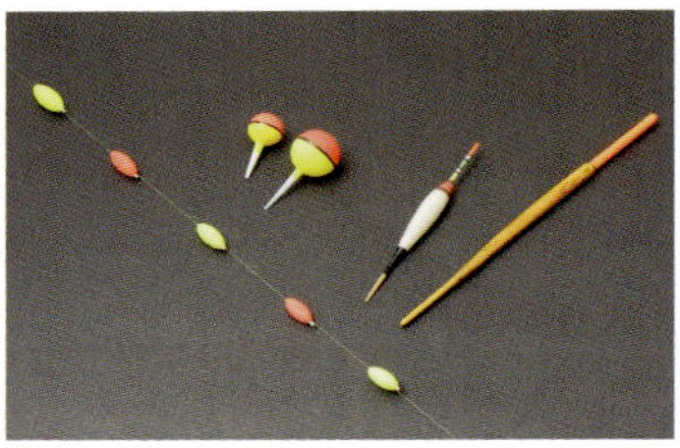

ウキ

右から棒ウキ、玉ウキ、シモリウキ。アタリが出やすいのは棒ウキだが、波があるときは見にくい。シモリウキは横や上への動きも見やすい。

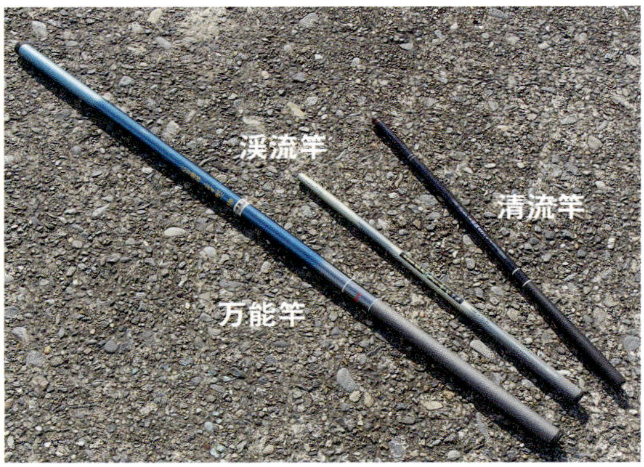

ノベ竿

右から清流竿、渓流竿、万能竿。安価なのは万能竿だが、多少重いのが難点。全長3.6〜5.4mのものを、釣り場の状況に応じて使い分ける。

接続具

ミチイトとハリスの接続にはサルカン（右）や自動ハリス止め（左）を使う。いずれも極小〜小サイズのものが適している。

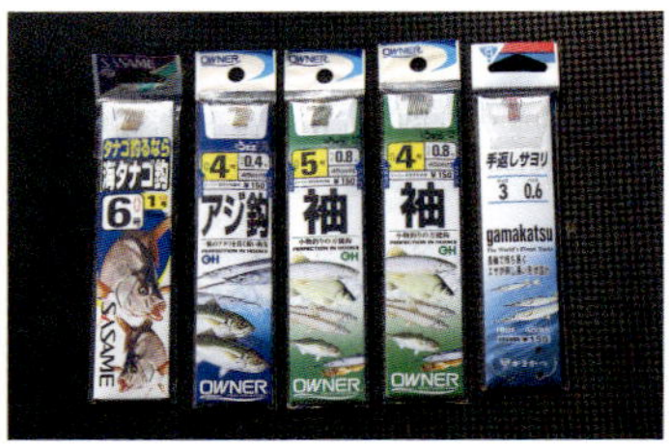

ハリス付きハリ

ハリス付きハリには、対応する魚種やエサのタイプが記載されている。袖バリの3〜6号があれば、多くの魚種に対応できる。

オモリ

ガン玉（左）や板オモリ（右）が使われる。ガン玉は簡単に取り付けられるのがメリット。板オモリは微妙な重さの調整がしやすい。

ウキの浮力を調整する

ウキが浮きすぎていたり、逆に沈んだりしたのでは、アタリを捉えることが難しくなる。オモリの重さとのバランスをとって、適正な浮き方になるよう、調整することが大切。

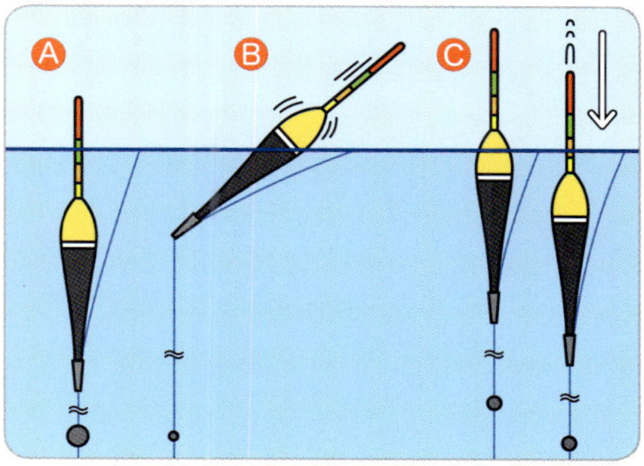

ウキの適正な浮力とは

Ⓐウキの浮力に対してオモリが重い状態。Ⓑウキの浮力に対してオモリが軽すぎるとウキがふらふらする。Ⓒ棒ウキでは、ボディの一番太い部分が水中下に入るくらいに調整するとわずかなアタリでも反応しやすくなる。

ウキの浮力を知る

ウキによっては、最初からバランスをとりやすいオモリの重さが表示されている。これは2Bのガン玉が適合する。

ノベ竿のウキ釣りのポイント

堤防先端や漁港の出入り口付近など、潮（しお）の流れが変化しやすい場所が狙い目。海底の地形変化が格好のポイントになるので、ノベ竿の射程にある障害物を見逃さないようにしよう。

周囲に磯があるところ

磯（岩礁帯）付近は、根のまわりに着く魚が狙いやすい。また、回遊する魚も足止めすることがある。

堤防の基部

一見、あまり変化がなさそうな足元も好ポイント。海藻や根などが絡んでいると魚が着きやすい。

消波ブロックまわり

積み上げられた消波ブロックの隙間には、魚が隠れている。寄せエサでおびき出してみよう。

西野's ADVICE

砂浜の「渚釣り」もおすすめ!

遠投しないとなかなか釣れないと思われがちな砂浜でも、魚が接岸する時期はノベ竿でも釣りになる。シロギスは初夏から秋、小型のクロダイやイシモチなどは秋から冬が狙い目。とくに暑い時期は、ヒザ下くらいまで立ち込んで釣るのは気持ちいい。全長5.4～6.2mと、長めの渓流竿で探ってみよう。

砂浜に立ち込んでノベ竿で釣れたシロギス（上）。ウキを使わず、渓流釣り用の目印でアタリをとる（左）。

LINK チチワ結び・ユニノット（➡P.28）、夜釣りの楽しみ方（➡P.120）

ノベ竿のウキ釣りの流れ

ポイントを定めたら、寄せエサをまきつつ仕掛けを投入する。寄せエサは少なすぎても、逆にまきすぎても、うまく魚を寄せられない。魚の集まり具合を見て断続的に寄せエサをまこう。

❶寄せエサをまいて様子を見る

ポイントの周囲に寄せエサをまき、潮の流れの向きと強さを観察する。すぐに魚が集まってくればベスト。

❷仕掛けを投入

寄せエサの煙幕がタナまで沈んだときの位置を想定して、そこに付けエサが入るように仕掛けを投入。

❸さらに寄せエサをまく

アタリがないまま、寄せエサがさらに沈んでいってしまったら、最初と同じ位置に寄せエサをまく。

❹アタリがあったら釣り竿を立てる

ウキの動きに変化があったら、軽く手首を返してあわせを入れ、釣り竿を斜め上向きに立ててやりとり。

❺魚を取り込む

小型なら、釣り竿を跳ね上げて抜き上げるのがラク。竿を持つ手と反対の手でオモリの部分をつかもう。

西野's ADVICE

食べない魚は再放流

狙いの魚は「本命」、それ以外の魚を「外道」などと呼ぶ。おいしい外道もいるが、毒のある魚や小魚など、食べないなら堤防の上に放置せず、逃がしてあげよう。

付けエサと寄せエサを同調させることが大切!

寄せエサの煙幕の中に付けエサが入ることを「同調(どうちょう)」と呼ぶ。深いタナ(水深)では潮(しお)の流れが読めないと同調させられないので、まずは水中の付けエサが見える程度のタナでやってみよう。

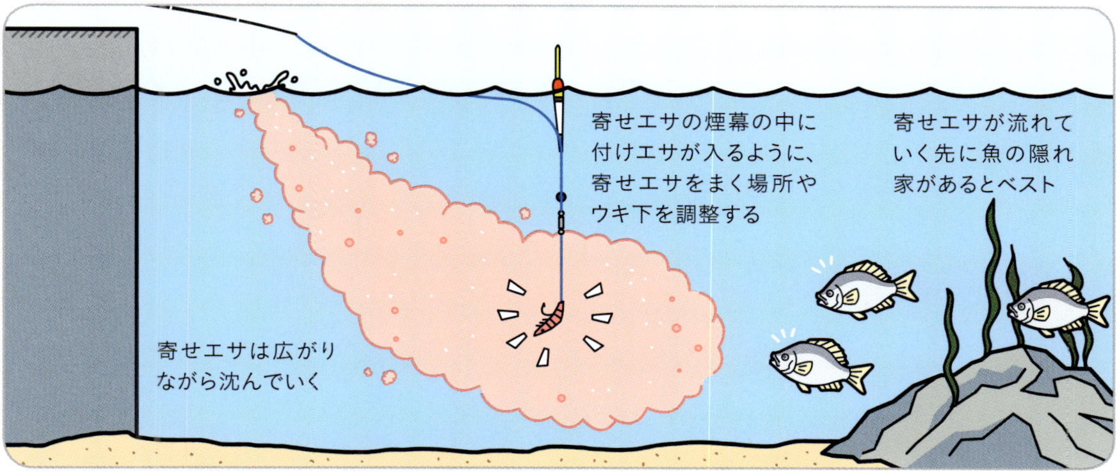
寄せエサの煙幕の中に
付けエサが入るように、
寄せエサをまく場所や
ウキ下を調整する
寄せエサが流れて
いく先に魚の隠れ
家があるとベスト
寄せエサは広がり
ながら沈んでいく

寄せエサの煙幕の中に付けエサを漂わせる

オモリが付いた仕掛けは寄せエサよりも速く沈むので、寄せエサと仕掛けの投入場所を変える必要がある。また、寄せエサが漂う先に魚の隠れ家があるように、潮の流れの上流側に釣り座を定めることも大切。

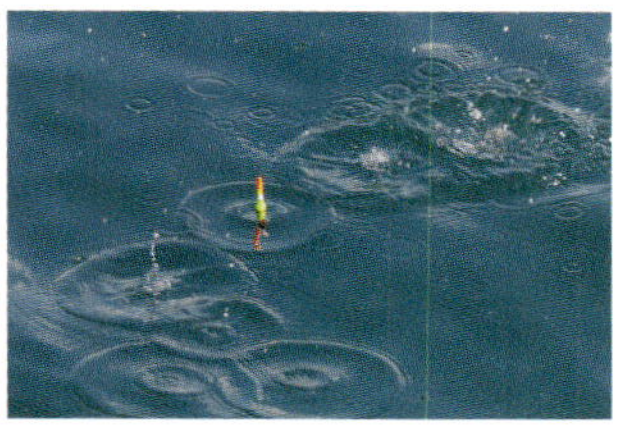

浅いタナではウキに被せて寄せエサをまけばOK

水深1m程度のタナであれば、先に仕掛けを投入して、その上に寄せエサをまけば、付けエサと寄せエサが同調する。

釣れないときのチェックポイント

魚がいない、魚に食い気がない、エサをつつくけれどもハリ掛かりしないなど、釣れない理由はさまざま。いくつかの方法を試してみよう。それでも釣れなければ場所を移動したほうがいい。

ハリのサイズを変えてみる

エサだけ取られてハリ掛かりしないときは、ハリを小さくしてみるのが手。逆に、あわせを入れたときにすっぽ抜ける場合は大きくする。

ウキを軽く引いて誘う

ウキを引っ張ると、ウキの下のイトが水流を受けて張り、付けエサが浮き上がる。この誘いが、魚に食い気を起こさせることもある。

ウキ下を変えてみる

付けエサが魚の泳ぐタナから離れていると釣れないことが多い。ウキから付けエサまでの長さを変えて、違う層を探ってみよう。

 LINK ノベ竿での仕掛けの投入(➡P.24)

2-5

チョイ投げ釣りの基本

さまざまな魚種が狙える「五目釣り」を楽しもう！

主に海底近くを泳ぐ魚を狙う、もっとも簡単な釣り方がチョイ投げ釣り。その名の通り軽く仕掛けを投げればよいので、ビギナーでも簡単にはじめられる。多彩な魚種が釣れるのも魅力のひとつ。

チョイ投げ釣りの魅力

仕掛けを魚が潜んでいそうなポイントまで投げるのが第一。とはいえ、魚が寄りやすい堤防などからであれば、遠投は必要なく、ビギナーでも十分釣りになる。

▶のんびりとアタリを待てる

チョイ投げ釣りには、積極的に仕掛けを動かして探る方法と、1カ所に仕掛けをとどめてアタリを待つ方法がある。後者はのんびりとできるのがいいところ。子どもでも十分に楽しめる。

◀なにが釣れるかわからないのも楽しみ

海底付近を泳ぐ魚のほとんどが対象魚。ポイントを変えることで違う魚種に出会うこともある。竿先に出るアタリから魚種を推測できるようになればビギナー卒業！

海底付近を泳ぐすべての魚が狙える！

チョイ投げ釣りは、オモリの付いた仕掛けを軽く投げて海底付近を探る釣り方。仕掛けを遠くに投げれば、それだけ広く探れるが、うまく投げられないビギナーのほうが釣果に恵まれることもある。そう、堤防のまわりは、沖の障害物に勝るとも劣らない格好のポイントというわけ。

もちろん、ポイントの見極めができるようになれば、さらなる釣果が期待できる。砂地の地形変化を探ってシロギス、周囲に点在する根を狙ってアイナメやカサゴといったぐあいに、魚種を絞って釣ることも可能になる。

チョイ投げ釣りの主な対象魚

シロギスやカレイ、ハゼといった、海底付近を泳ぎまわる魚が主な対象魚になる。数やサイズを望むなら、魚がエサの捕食や産卵などのために接岸してくるタイミングを調べておこう。

ハゼ

夏から秋にかけて釣りやすくなる。淡水と海水が交じり合う、河口付近の汽水域が一番の狙い目。

イシモチ（ニベ）

シロギス同様、砂地底を好む魚。群れで移動するので、釣れはじめると、連続で釣れることが多い。

シロギス

初夏から秋口にかけてシーズンを迎える。全長20㎝台後半を超える大型は「ヒジ叩き」と呼ばれる。

チョイ投げ釣りに必要な装備

タックルと仕掛け、エサ、それにプライヤーがあれば、釣り自体は可能。竿立てやイス（もしくはイス代わりのクーラーボックス）があると、釣りがよりラクになる。

エサ箱、石粉

虫エサは、エサ箱に入れておくと持ち運びやすい。また、滑り止めの石粉を振っておくと、ハリ付けが格段にラクになる。

竿立てなど

竿を置いてアタリを待つスタイルでは必須。水を入れた水くみバケツを下げて安定させる。手すりに取り付けるタイプもある。

チョイ投げ釣りに使われるエサ

対象魚や状況に応じてハリ付けの方法を工夫してみよう。アタリをじっくり待つときは、複数のエサをハリ付けするのもいい。アオイソメとイワイソメを混ぜるなどするのも効果的なことがある。

身エサ

ポピュラーなのはサバやサンマの切り身。エサ用として売られているものでなくても、自分でつくれる。ほかにイカの切り身なども使われる。

付けエサ

右は一番ポピュラーなアオイソメ、左はアカイソメなどと呼ばれる品種改良エサ。ほかにジャリメ（イシゴカイ）なども使われる。

LINK 海釣りの主な対象魚とシーズン（➡P.18）、海釣りに必要な道具（➡P.20）、ハリ付けの方法（➡P.31）

チョイ投げ釣りの仕掛けと必要な釣り道具・仕掛け

仕掛けを沈めるためのオモリがついたテンビンに、ハリス付きハリなどを結ぶだけ。リール竿やリールは廉価な入門用セットでもいいが、長く使うなら信頼できるメーカー品を選ぼう。

チョイ投げ釣りの仕掛け

スピニングタックル（スピニングリールと、それに組み合わせるリール竿）が一般的。仕掛けは、ミチイトの先にオモリの付いたテンビンをつなぎ、その先にハリス付きハリか、市販のチョイ投げ釣り仕掛けを結ぶだけでOK。ハリス付きハリなどは多めに用意しておこう。ミチイトはしなやかなナイロン製が一般的。2～3号を選ぼう。

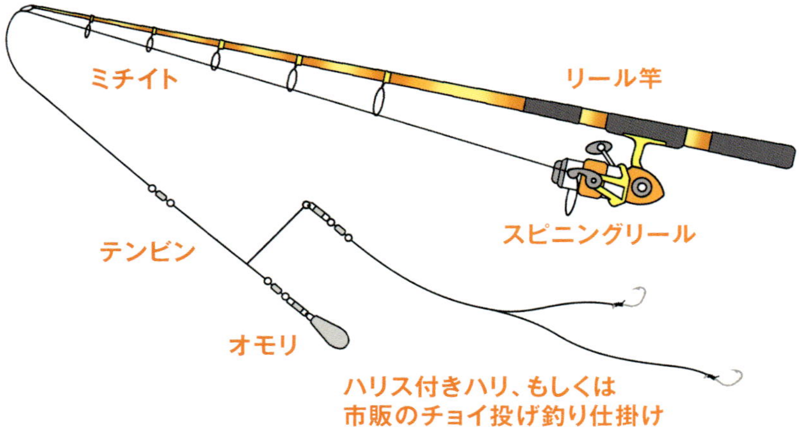

スピニングリール

ナイロン2～3号のミチイトが100m程度巻ける小～中型スピニングリールを選ぶ。錆びにくい塩水対応モデルがおすすめ。

リール竿

ほかの釣り方でも使用できるボート竿（コンパクトロッド、右）やルアー竿（左）がいい。全長1.8～2.7mが扱いやすいのでおすすめ。

市販の仕掛け

ハリス付きハリか、チョイ投げ専用の仕掛けを使用。専用仕掛けはスナップでテンビンにワンタッチで接続できるようになっている。

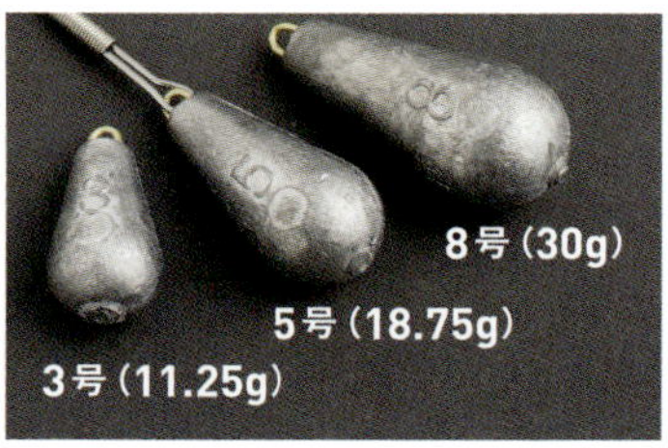

オモリ

ボート釣り用テンビンを流用する場合は、3～8号のナス型オモリをセットして使う。オモリが一体になったテンビンは5～8号を選ぼう。

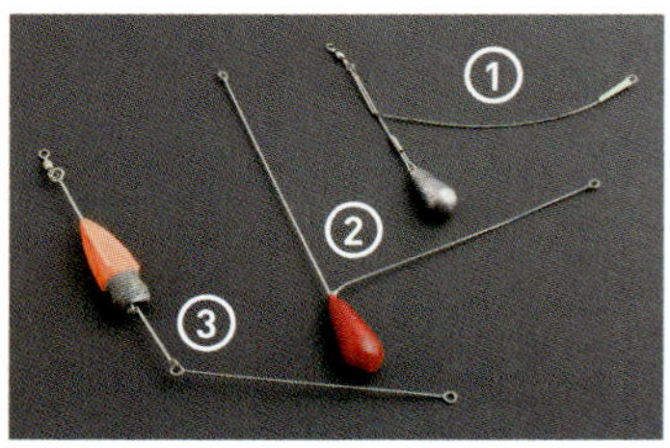

テンビン

①ボート釣り用テンビン、②L字型テンビン、③ジェットテンビン。テンビンとミチイトは、スナップなどを介して接続しよう。

チョイ投げ釣りの代表的なポイント

点在する根（水中の障害物）のまわりやカケアガリ（水深が急に深くなるところ）などが好ポイントになる。また、足元付近も海底の変化に富んでいるので、必ず探ってみよう。

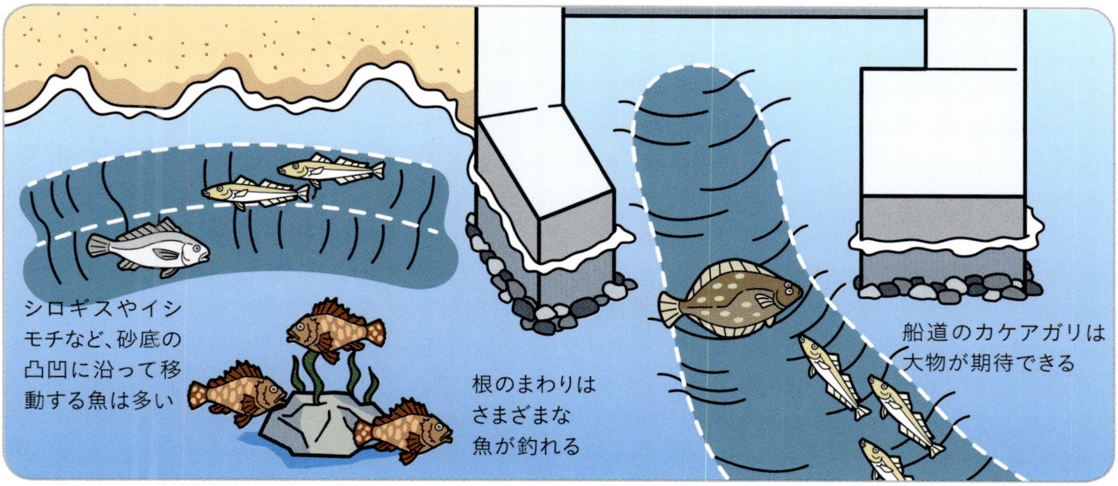
シロギスやイシモチなど、砂底の凸凹に沿って移動する魚は多い
根のまわりはさまざまな魚が釣れる
船道のカケアガリは大物が期待できる

地形の変化がポイント

まったく変化のない砂地底などにも、魚がいないわけではないが、海底の地形に変化があるところを重点的に狙ったほうが、釣れる確率が高い。漁港の出入り口付近は、船が通る水深を確保するために掘り下げていることがあり、この両側のカケアガリも見逃せないポイントになる。

河口域も好ポイント

河口付近は淡水と海水が交じり、エサとなる生物が豊富にいるため、イシモチやハゼを筆頭に、さまざまな魚が狙える。

ポイントを見極める方法

海水の透明度が高ければ、目で見て根などを探すことが可能。水が濁っていたり、ポイントが遠かったりする場合は、仕掛けを引いてくるときの感触で推測する必要がある。

潮の流れの有無

海底付近を泳ぐ魚も、潮の流れがあるほうが食い気が高まる。潮の流れの変化にも注目しよう。

仕掛けを引いて探す

仕掛けを引いてくると、重く感じるところがある。地形変化のある証拠なので、そこでアタリを待つ。

目で見て探す

堤防の上から海面を見たときに、黒っぽく見えるところには根があることが多い。その周囲を狙おう。

チョイ投げ釣りの流れ

釣り方自体はシンプルだが、海底の地形変化や障害物を感じ取ることが大切。また、仕掛けを回収するたびに、エサがあるか、ハリスが傷んでいないかをチェックして、必要があれば交換しよう。

❶仕掛けを投入

ポイントがわかっていれば、そこを狙って投入する。釣り竿に仕掛けの重みを乗せて、ゆったりと投げよう。

❷ミチイトのたるみを取る

仕掛けの着水時にイト巻き部分に触れてミチイトの出を止める。オモリが海底に着いたらミチイトを張る。

❸ゆっくりと仕掛けを手前に引いてくる

釣り竿やリールを操作して、ゆっくり仕掛けを引く。地形変化を感じたら、数秒～十数秒アタリを待ってみる。

❹アタリがあったら釣り竿を立ててやりとり

コツコツというアタリを感じたら、釣り竿を立て、そのままの角度をたもってリールで巻き寄せる。

西野's ADVICE

意外と難しい？ あわせのタイミング

手元にアタリを感じた瞬間に釣り竿をあおってあわせると、すっぽ抜けることがある。その場合は、ひと呼吸待って、竿先が軽く引き込まれたときにあわせよう。とくにすっぽ抜けが連続するときは、アタリがあったあと、しばらく待つか、ミチイトを少し送り込んでからあわせたほうがいいことも多い。

とくに仕掛けを止めているときは、ミチイトがたるみがちなので、アタリが伝わらないこともある。ときおりミチイトを軽く張ってみよう。

仕掛けを引いて広く探るのがコツ

仕掛けの引き方には2通りある。いずれの方法でも、海底の様子を感じ取るという要点は一緒。また、仕掛けを引くスピードなどで、魚の食いが変わることがあるということも知っておこう。

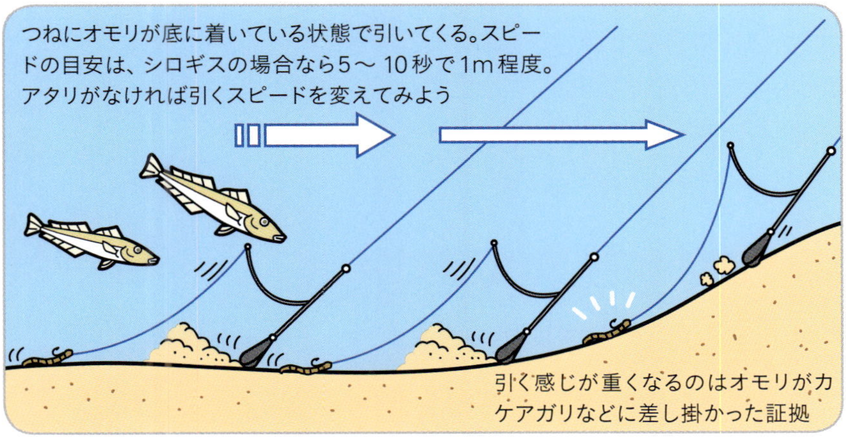

つねにオモリが底に着いている状態で引いてくる。スピードの目安は、シロギスの場合なら5～10秒で1m程度。アタリがなければ引くスピードを変えてみよう
引く感じが重くなるのはオモリがカケアガリなどに差し掛かった証拠

オモリを引きずりながら引く

仕掛けをゆっくり手前に引いてくるのが基本。スピードが速すぎると魚が追いきれないことがあるが、逆に、素早い動きに好反応を見せる魚種も多いので、両方試してみることが大切だ。カケアガリでは止めてみるのも手。

リールを巻いて引く

ミチイトがつねに張っているので、アタリを感じ取りやすく、あわせやすいのがメリット。

釣り竿を操作して引く

釣り竿を上にゆっくり掲げるようにして仕掛けを引く。地形変化などを感じ取りやすい方法。

待ち釣りは複数の竿で広く探る

仕掛けを1カ所に止めてアタリを待つスタイルでは、複数の竿を使うのが一般的。とくに砂地底(すなじぞこ)では、遠近に仕掛けを投げ分けて、アタリが出る距離や水深を見極めるようにしよう。

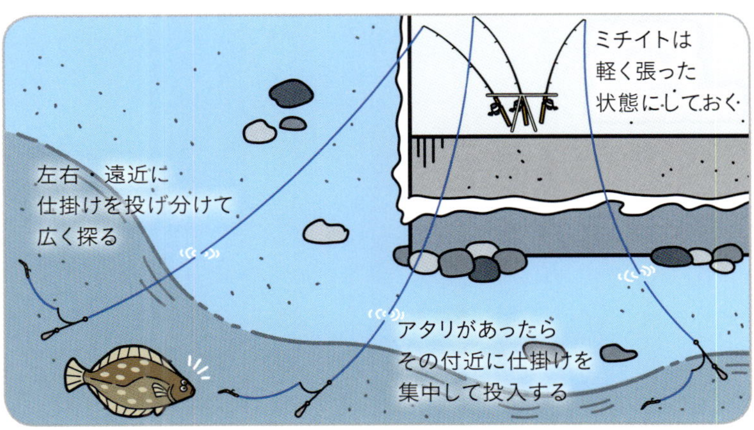

扇状に広く探るのが基本

同じようなところばかりに仕掛けを集めず、まずは左右・遠近を幅広く探り、アタリが出たらその付近に仕掛けを集中して投入すると効率がいい。
潮の流れがあるところでは、潮下（右から左へと流れていれば、左側）の仕掛けから投入すると、仕掛け同士が絡む危険性が低くなる。

LINK リール竿での仕掛けの投入（➡ P.25）

2-6

サビキ釣りの基本

食べておいしい魚が手軽に たくさん釣れる！

アジやイワシといったなじみのある小魚を、いっぺんにたくさん釣ることができるのがサビキ釣りのおもしろさ。エサ付けの必要もないので、ビギナーでも簡単にトライできるのがうれしい。

サビキ釣りの魅力

サビキ釣りの対象魚は、群れを成して岸ぎわに寄ってくる。そのため、一度釣れはじめると続けて何十匹と釣れ、条件がよければビギナーでも大漁間違いなし！

▶ビギナーでも釣果は確実！

エサを求めて岸ぎわに寄ってくる魚を相手にすることが多いので、タイミングさえ外さなければ、テクニックがなくても十分に釣れる。仕掛けを投げる必要もないので、ビギナーでも簡単！

◀いっぺんに大量の魚が釣れる

6～10本の擬餌バリがついた「サビキ仕掛け」を使うので、1回の仕掛けの投入で複数の魚が釣れる。大きな群れが入ってくれば、100匹を越える釣果も得られる。

堤防釣りではもっとも人気のある釣り方

アジ、イワシ、サバなどのおいしい魚を簡単に、効率よく釣る方法がサビキ釣りだ。サビキとはエサに似せた疑餌バリのこと。仕掛けを上下に動かす（サビく）ことで、本物のエサと勘違いさせて魚を釣るのだ。

　仕掛けを投げる必要がないので、ビギナーでもトライしやすいのが利点。仕掛けが長く、ハリ数が多いため、扱いに慣れるのに少し時間がかかるが、釣り道具や仕掛けの選択を間違わなければ大丈夫。慣れてしまえば、仕掛けが絡むなどのトラブルが減り、釣果も大幅にアップする。

サビキ釣りの主な対象魚

釣れる魚はシーズンや釣り場によって違いがある。アジやイワシ、サバについては、多くの釣り場では初夏～秋にベストシーズンを迎えるが、一年中なんらかの魚が釣れる釣り場もある。

サバ

激しく泳ぎまわって仕掛けを絡ませてしまうため、敬遠する人もいるが、釣りやすく、食べておいしい。

イワシ

イワシにはいくつかの種類がいるが、堤防釣りで一般的なのは写真のカタクチイワシ。

アジ

もっとも人気の高いサビキ釣りの対象魚。釣り場によっては体長20㎝を超えるサイズも望める。

サビキ釣りに必要な装備

寄せエサを使う釣りなので、ウキ釣り同様、コマセバケツや水くみバケツなどが必須。ハリ掛かりした魚を外す際、竿を立てかけておく竿立てなどがあると、釣りがいっそう快適になる。

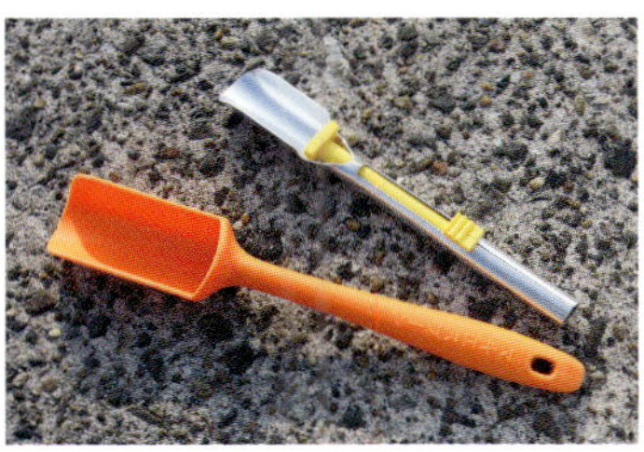

スコップ

寄せエサを、仕掛けのコマセカゴに詰めるのに便利な専用スコップ。スプーンや箸でも代用は可能。

水くみバケツ

ロープがついた折りたたみ式の水くみバケツ。釣れた魚を一時的に入れておくのにも使える。

コマセバケツ

容量が10ℓ程度の、フタ付きバケツを用意しよう。左はトリック仕掛け(65ページ参照)用のバケツだ。

魚バサミ

主な対象魚であるアジは小さなトゲを持つ。魚バサミでつかめば、安全に素早くハリを外せる。

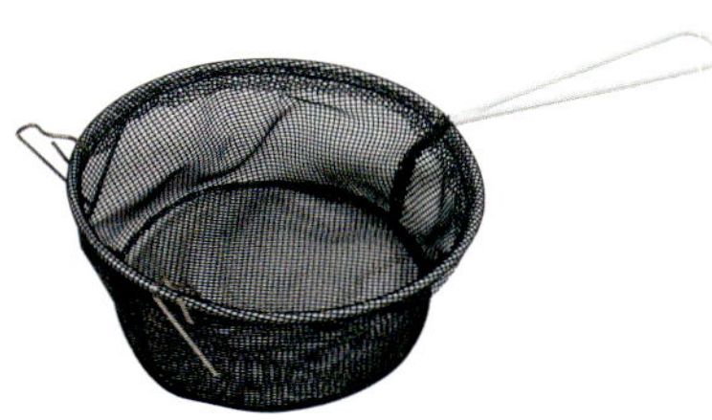

ザル

寄せエサの水分を切りたいときは、コマセバケツの上にザルをセットして、その上に寄せエサを入れる。

竿立て

たたむとコンパクトになる、三脚式の竿立て。これがあると、釣り座を機能的にセッティングできる。

LINK 海釣りの主な対象魚とシーズン(➡ P.18)、海釣りに必要な道具(➡ P.20)

サビキ釣りの代表的なポイント

堤防の先端や外側では潮（しお）がよく流れ、内側や港内ではあまり流れない傾向がある。ただし、港内でエサとなる極小の魚などが視認できるときは、港内でも十分に釣れる。

港内

シラスなどの極小の魚は、港内に留まることが多い。これらを求めて集まる魚を狙うのも有効だ。

堤防の角

堤防に潮の流れがぶつかって変化し、対象魚のエサが溜まりやすいので、好ポイントになる。

堤防の先端

一般に潮の流れがよく、アジやサバなどの遊泳力が強い魚が回遊してくる頻度が高い。

朝夕の時間帯を中心にエサが浅場に入り込むと、それを追って回遊魚も岸の近くにやってくる
普段は沖の根まわりなどを回遊していることが多い

魚の回遊ルートをイメージする

エサになるプランクトンや小魚などが寄りやすい堤防の周囲は、いわば魚のレストラン。

普段、外海を泳ぎまわる回遊魚は、エサを捕食するために岸ぎわに寄ってくる。日中は沖や深場にいて、朝夕の光量が少ない時間帯に浅場（岸ぎわ）に入り込んでくることが多い。水深のある堤防なら、日中は深いタナ（水深）を探ってみよう。

CHECK!

栈橋タイプの海釣り施設

下が抜けている桟橋タイプの海釣り施設は、足元付近の潮の流れがよいので、回遊魚を狙うサビキ釣りには最適だ。ただし、潮の流れが速すぎるところでは、重めのオモリを使用して、仕掛けが流されないようにしよう。

潮の通りがよい桟橋タイプの海釣り施設。なかには20号（75g）程度のオモリを使わないと、仕掛けがどんどん流されて釣りにならないところもある。事前に情報を仕入れておこう。

サビキ釣りの仕掛けと必要な釣り道具・仕掛け

ノベ竿でもサビキ釣りはできるが、足場が高い釣り場ではリール竿のほうが断然有利。仕掛けはすべてのパーツがセットになったものもあるので、ビギナーはそれから使ってみよう。

サビキ釣りの仕掛け

ポピュラーな仕掛けは、地域によってサビキ仕掛けの上にコマセカゴを付ける「上カゴ式」と、仕掛けの下にオモリ付きのコマセカゴを付ける「下カゴ式」に分かれる。ミチイトは2～3号のナイロン製が標準。これが100m程度巻けるサイズのスピニングリールを選ぼう。

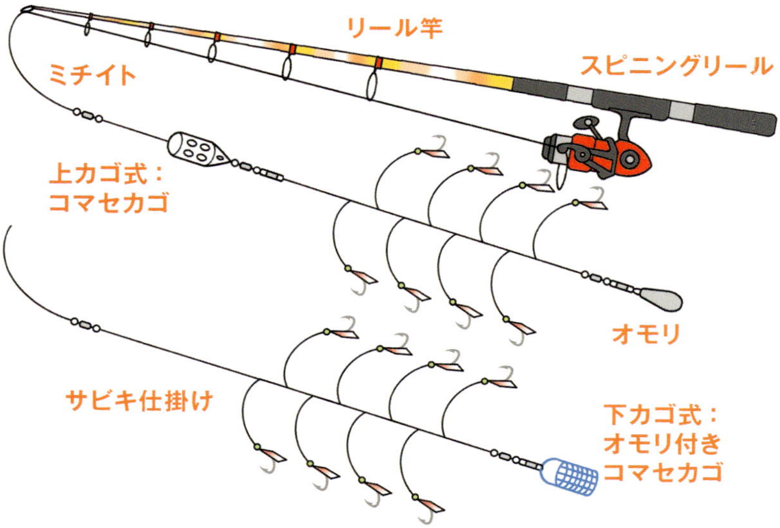

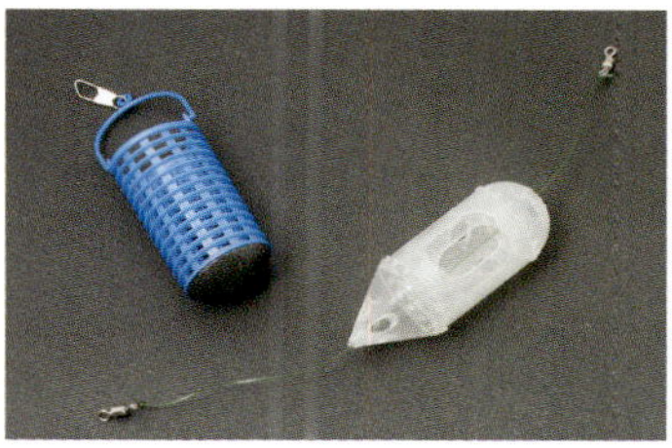

コマセカゴ

右が上カゴ式のコマセカゴ。ナイロン網でできたものもある。左は底の部分にオモリが付いた、下カゴ式のコマセカゴ。

オモリ

上カゴ式の場合は、仕掛けの下にオモリを付ける。5号前後が一般的だが、潮の流れが速いところでは10号以上が必要になることも。

リール竿

全長2.4m程度の、振り出し式のボート竿（コンパクトロッド）や、全長4m程度の「堤防竿」などと呼ばれるタイプが一般的。

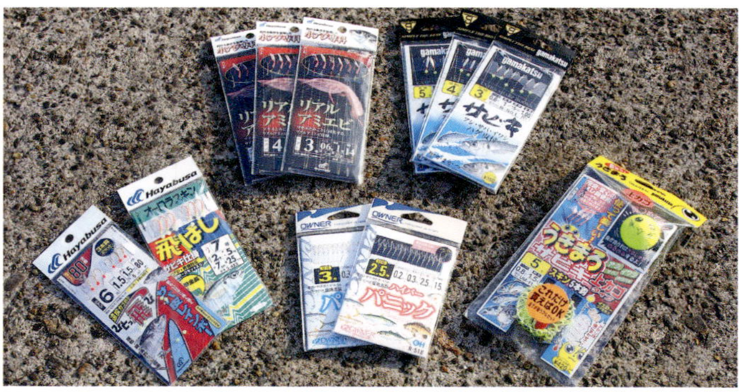

市販のサビキ仕掛けを選ぶ

一般的なサビキ仕掛けにくわえ、コマセカゴやオモリまでセットになったもの、極小バリのもの、ウキサビキに適したものなどがある。ハリの装飾もさまざまだが、魚皮とスキンがおすすめ。

ハリのサイズにして3～5号があれば広く対応できる。一般的な仕掛けの全長は1.2m前後だが、短い竿でも扱いやすい、80cm～1mの仕掛けもある。パッケージにある、ハリやハリスのサイズを確認して購入しよう。

釣れるタナを探るのが大切

サビキ釣りは、魚が群れているタナ（水深）に仕掛けを留めることが重要だ。仕掛けを落としている最中にアタリがなければ、いったんオモリを底まで沈めて、徐々に巻き上げて探ってみよう。

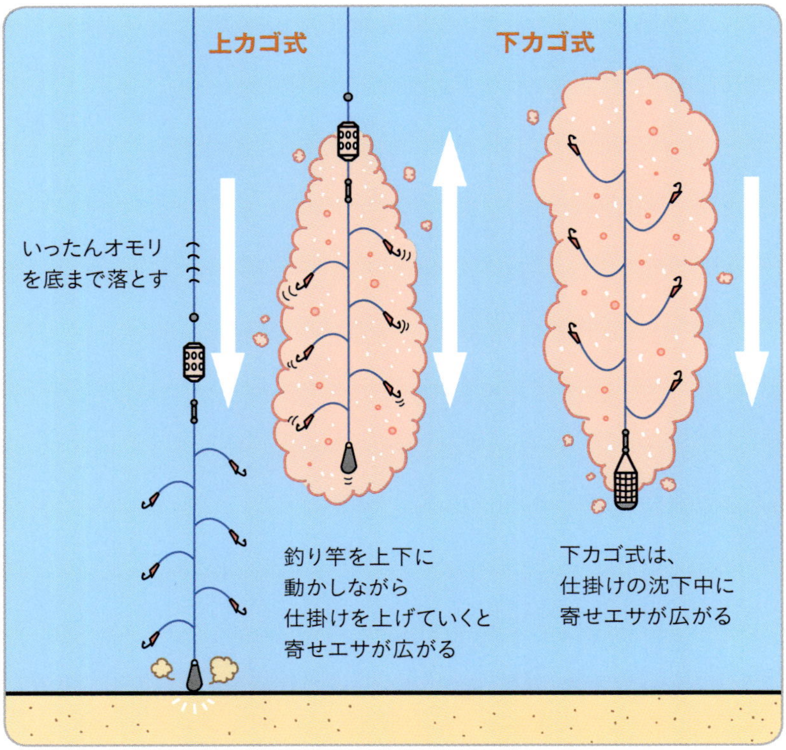

上カゴ式
下カゴ式
いったんオモリを底まで落とす
釣り竿を上下に動かしながら仕掛けを上げていくと寄せエサが広がる
下カゴ式は、仕掛けの沈下中に寄せエサが広がる

仕掛けを底まで落としてから探る

上カゴ式の場合は、仕掛けを引き上げるときに、寄せエサの煙幕の中にサビキバリが入る。竿先を上下に動かしながら、仕掛けを徐々に上げよう。
下カゴ式は、仕掛けを下ろしている最中がチャンス。仕掛けをタナまでおろしてしばらく待ち、アタリがなければ再投入する。

掛かったハリに注目

一番下のハリばかりに魚が掛かるときは、少し仕掛けを沈めると、複数のハリに魚が掛かるようになる。

西野's ADVICE

魚種やその日の状況でタナは変わる！

魚種によってタナ（水深）は異なり、カタクチイワシとアジを比べると、前者のほうが浅いタナを泳いでいることが多い。また、大型の魚ほど深いタナを泳ぐ傾向があるので、水面近くに魚が見えているときでも、あえて仕掛けを沈めてみるといい。
また、天気もタナを変えるひとつの要因。光量が少ない朝夕や曇りの日は、全体的にタナが浅くなる。これは魚の警戒心が弱まるとともに、エサとなるプランクトンなどが水面近くに浮いてくるからだと考えられる。

エサとなる小魚
カタクチイワシ
アジ
より大型のアジ

寄せエサを用意する

寄せエサに使われるのはアミエビ。冷凍タイプが一般的だが、生タイプもある。半日程度の釣りでひとりが使用するアミエビの量として、1kg程度を目安にして用意しておこう。

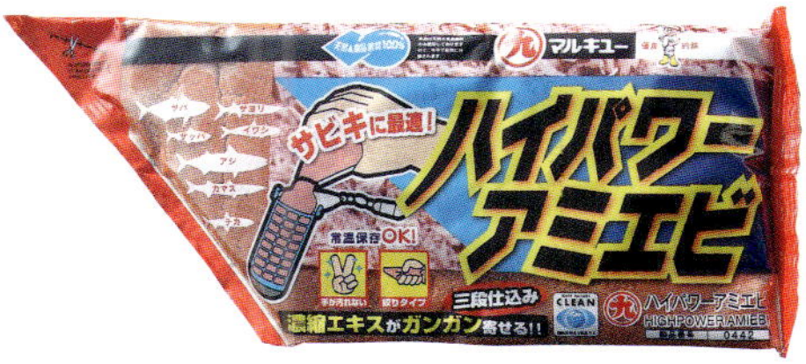

専用寄せエサ

パックされたエサは保存が効くので、アミエビがなくなったときのために用意しておくと安心。

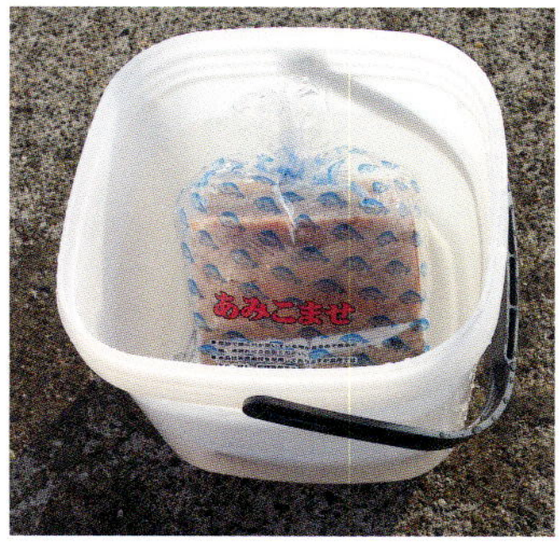

冷凍アミエビ

万能なのは冷凍アミエビ。釣り場に着いたらすぐに袋のままコマセバケツに入れて海水を注ぎ、解凍しておこう。釣り場近くの釣具店では、すでに解凍してあるものや、すぐに使える生タイプをおいてあることがある。

寄せエサをコマセカゴに詰める

仕掛けがセットできたら、コマセカゴに寄せエサを詰める。寄せエサが水っぽくなると詰めにくいので、ザルで水を切ったり、専用の配合エサに水分を吸わせたりするとよい。

❶寄せエサをつくる

冷凍アミコマセは袋に入れた状態で海水を張ったバケツの中で解凍。袋から出したら、海水を混ぜずに崩す。

❷コマセカゴに詰める

専用シャベルや箸、スプーンを使って、寄せエサをコマセカゴに詰める。詰める量は八分目を目安にしよう。

❸穴の開き具合を調整

プラスチック製のコマセカゴの場合は、上下のパーツをまわして、穴が半分〜2/3くらい開いているようにしておこう。

STEP UP

釣れないときの「トリック仕掛け」

トリック仕掛けとは、装飾がほとんど付いていないハリに、アミエビを引っ掛けて使うもの。寄せエサばかり口にして、サビキバリに見向きもしない魚でも、この仕掛けなら一発！

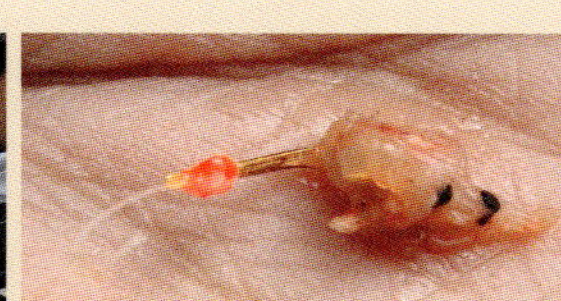

アミエビを入れた、専用コマセバケツのトレーの中に仕掛けを通し、前後に動かしてアミエビを掛ける。

LINK ザル（➡P.61）

サビキ釣りの流れ

釣れていても釣れなくても、寄せエサをコマセカゴから振り出して魚を寄せ続けることが大切。3〜4回釣り竿をあおると寄せエサがなくなるくらいに、コマセカゴの穴の開き具合を調整しよう。

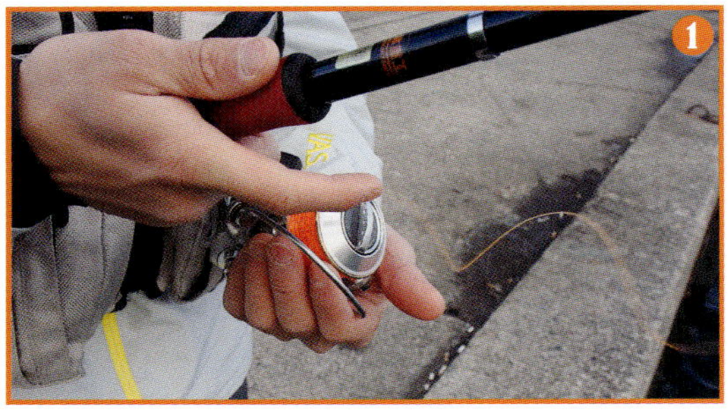

❶仕掛けを投入する

ミチイトを出して魚がいるタナ（水深）まで仕掛けを落とす。タナがわからないときは一度着底させよう。

▼

❷釣り竿をあおる

仕掛けがタナに到達したら、ミチイトの出を止めて、竿を軽く2〜3回あおって寄せエサを振り出す。

▼

❸アタリを待つ

釣り竿をあおったら、仕掛けを数秒止めてアタリを待つ。アタリがなければ再度寄せエサを振り出して誘う。

❹アタリがあったら巻き上げる

手元にプルプルと振動が伝わったら、釣り竿を斜め上向きに構え、リールを巻いて仕掛けを引き上げる。

▼

❺魚を取り込んでハリを外す

竿先を上げて魚を取り込む。竿を立てかけ、仕掛けを張った状態で、絡ませないように魚を外そう。

西野's ADVICE

ヒシャクで寄せエサをまくのも手！

水面近くに魚の群れが見えるときは、いちいちコマセカゴに寄せエサを詰めるより、水面に直接、寄せエサをまいたほうが効率がいい。ヒシャクは必ず用意しよう。

ウキサビキ釣りの基本

ミチイトに大型のウキを取り付け、仕掛けを軽く投げたり、潮(しお)に乗せて流したりできるようにしたものが「ウキサビキ」。多くの釣り場でポピュラーな釣り方なので、こちらも覚えておこう。

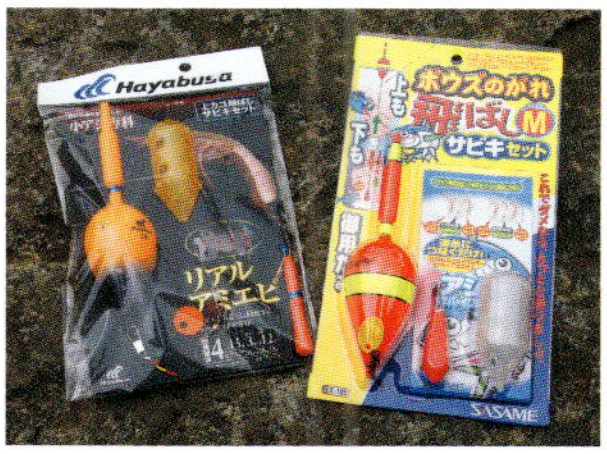

市販の完成仕掛けで手軽にはじめられる

「飛ばしサビキ」などという名前で売られている完成仕掛け。まずはこれを使ってみて、仕掛けの構成を知ろう。

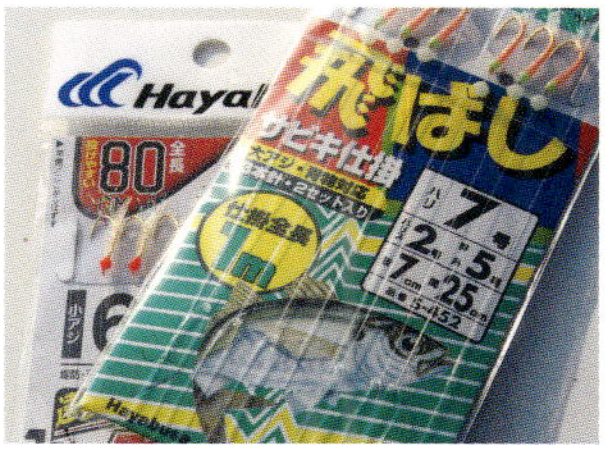

交換用のサビキ仕掛けは必須

交換用のサビキ仕掛けも、ウキサビキ用のものがおすすめ。装飾やハリのサイズが違うものを複数用意しよう。

沖の魚も射程に入るのがメリット

魚の群れが足元まで寄ってこないときでも、ウキサビキなら釣ることが可能。アタリはウキが伝えてくれる。

ウキサビキ釣りの仕掛け

専用ウキをミチイトに通し、その上下にウキ止めゴムとシモリ玉をセット。下のウキ止めゴムは、ウキが仕掛けと絡まないよう、ミチイト先端に結ぶサルカンから20㎝ほど上に固定。探るタナ（水深）を変えるときは、上のウキ止めゴムを上下に動かす。深いタナを探りたいときはウキ止めを上に、浅いタナを探りたければ下に移動すればよい。

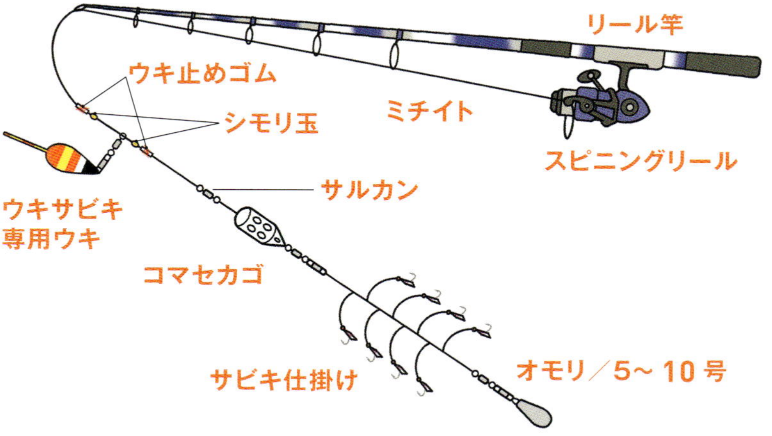

STEP UP

「追い食い」を誘おう！

サビキバリには、多いものは6本以上のハリが付いている。1匹ハリ掛かりすると、その魚が暴れることで仕掛けが踊り、ほかの魚への誘いになる。そのままの状態で少し待つことで、追い食い（ほかの魚が食い付くこと）が期待できる。ただし、サバなどの暴れる魚は、一匹ずつ釣るほうがトラブルが少ない。

一度にたくさんの魚をハリ掛かりさせたときは、取り込んだあと、仕掛けを伸ばした状態で、イトを絡ませずに魚から外すことが大切。

 LINK スピニングリールの扱い方（➡P.23）、リール竿での仕掛けの投入（➡P.25）、タナを探る（➡P.64）

探り釣りの基本

障害物まわりに潜む魚を直撃する積極的な釣り

探り釣りとは、堤防のきわや障害物まわりにエサを落とし込み、魚の目の前にエサを届ける釣り方。寄せエサを使わず、魚が潜んでいそうなポイントをどんどん探っていくことが釣果のカギ。

探り釣りの魅力

寄せエサで魚を集めたり、仕掛けを1カ所に留めて魚がやってくるのを待ったりするのではなく、自らが移動してポイントをどんどん探っていくのが特徴。

▶障害物に隠れている魚を直撃!

係留された船と堤防の隙間は、ほかの釣り方ではなかなか手が出せないため、魚が釣られずに残っていることが多い。こうした穴場的なポイントを直接探れるのが、探り釣りの強みだ。

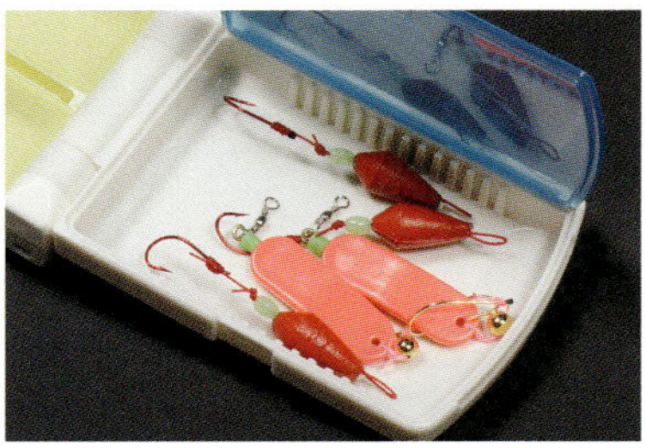

◀シンプルな仕掛けで楽しめる

ミチイトの先に、「ブラクリ仕掛け」(写真)と呼ばれる、オモリとハリス、ハリが一体になった仕掛けを結ぶだけ。少ない装備で軽快に釣り歩くのが基本スタイル。

歩いてつぎつぎと有望ポイントを探る

探り釣りは、寄せエサで魚を集めたり、仕掛けを投げてアタリを待ったりするのではなく、自分からどんどん動いてポイントを攻める、いわば積極的な釣り。

本書で冒頭から述べているように、堤防はそれ自体が魚の着き場。きわや足元に根魚やベラ、カワハギなどが潜んでいる。「ブラクリ」と呼ばれるオモリの付いた仕掛けで、その近くに潜む魚の目の前までエサを送り届けるのが、この釣り方の一番の特徴。仕掛けを遠投する必要がないので、初心者でも難なくはじめることができる。

探り釣りの主な対象魚

堤防のきわや障害物まわりに棲む魚が主な対象。消波ブロックの隙間などにも、数多くの魚が潜んでいる。体長 20cm以下の小型が多いが、大型のアイナメなどが釣れることもある。

ムラソイ

カサゴと同じく障害物まわりを好む。とくに夏場は浅いところにいるので、足元付近で釣りやすくなる。

アイナメ

秋口から冬場にかけて大型が望める。堤防のきわや、周囲にある小さな根などの障害物を探ろう。

カサゴ

根まわりを好む魚の代表格。岩礁帯の隙間などに潜んでいるので、ていねいに探ってみよう。

探り釣りの仕掛けと必要な釣り道具・仕掛け

リール竿、リール、ミチイトのほかに、ブラクリ仕掛けだけを用意すればいい。釣り道具は、汎用性のある、全長 1.8m 程度のルアー竿とスピニングリールの組み合わせがおすすめ。

探り釣りの仕掛け

岸から離れたところを探るには全長2.4～2.7mの竿が有利だが、ビギナーは取り回しのいい1.8m程度の竿が使いやすい。ミチイトは2～3号のナイロン製が標準。ブラクリ仕掛けは1～3号を用意する。接続具などを介すと根掛かりしやすくなるので、ユニノットなどで直結しよう。

ブラクリ仕掛け

涙型のオモリ（右、中）と、丸形オモリ（左）。根魚が興味を示すといわれる、赤やオレンジ色が一般的。

スピニングリールと両軸リールのタックル

ブラックバス用のリール竿と、2～3号のミチイトが100m程度巻けるスピニングリールの組み合わせ（下）が一般的。巻き取り力が強い両軸リールと、全長が短い「テトラ竿」などの組み合わせ（上）も使われる。

LINK 海釣りの主な対象魚とシーズン（➡ P.19）、海釣りに必要な道具（➡ P.20）、ユニノット（➡ P.28）

探り釣りのエサとハリ付けの方法

もっとも一般的なのは虫エサ。食い気があるときはタラシを短くしてハリ掛かりをよくし、アピール度を増したいときは数匹まとめてハリ付けしよう。身エサやオキアミも用意しておくといい。

オキアミ

オキアミは多くの魚が好む。ハリのサイズに合わせて、大きめ（L～LLサイズ）のものを使う。複数付けると、集魚効果も期待できる。

身エサ

サバやサンマの身を、幅1cmほどにカットしたものを使う。ハリは皮のほうから刺していったん抜き、もう一度刺して皮側にハリ先を出す。

虫エサ

安価なアオイソメで十分。ハリ付けは通し刺しが一般的だが、縫い刺しでもいい。アピール度を高めたいときは複数のエサを付ける。

探り釣りで狙いたいポイント

一見、のっぺりした岸壁も、よく見れば下のほうに凹凸があったり、ブイやタイヤなどが取り付けてあったりと変化がある。わずかな変化も見逃さず、仕掛けを投入していこう。

堤防の角

堤防の角や先端付近は、潮の流れが変化してエサが溜まりやすい。

堤防の切れ目付近

堤防のブロック同士の隙間は水が通り、流れの変化が生まれやすい。

堤防のきわ

きわギリギリに仕掛けを落とす。凹凸があると、とくに期待できる。

係留船のきわ

日陰ができることで、警戒心が薄れた食い気のある魚がいる。

消波ブロックの隙間

積み上げられた消波ブロックの隙間は、魚の格好の隠れ家。

根のまわり

岩礁帯につくられた堤防は、岩礁と堤防の境目などが狙い目になる。

堤防のきわを探るのが基本

仕掛けをしっかり底まで落とし、軽く誘いを入れつつアタリを待つのがセオリー。堤防のきわでは、中層でも食ってくる。また、消波ブロックなどがあれば、その隙間に仕掛けを積極的に入れよう。

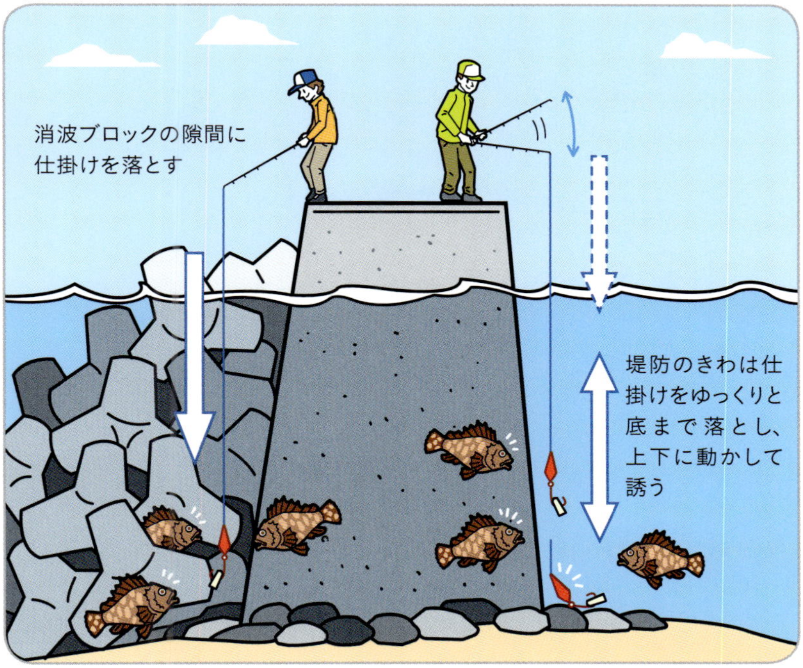
消波ブロックの隙間に
仕掛けを落とす
堤防のきわは仕
掛けをゆっくりと
底まで落とし、
上下に動かして
誘う

きわギリギリに落とし込む

堤防や護岸のきわから、できるだけ離さないように仕掛けを落とし込むのがコツ。落とし込む最中や、中層（水面から海底までの間）で仕掛けを止めた状態でアタリが出ることもあるが、もっとも多いのは着底直後のアタリ。

消波ブロックの隙間などは、途中で引っ掛かったら少し仕掛けを巻き上げて落とし直すことを繰り返し、できるだけ深いところまで仕掛けを届けるのがカギになる。

アタリがあったら、魚が障害物に潜り込む隙を与えないよう、すぐに竿を立てると同時にリールでミチイトを巻き取り、強引に巻き寄せよう。

仕掛けを動かして誘う

仕掛けが底まで落ちたら、軽く竿先を上下に動かして、仕掛けを踊らせるのが効果的。

仕掛けをゆっくり落とす

イト巻き部分を手で押さえ、ミチイトの出を調整しながらゆっくり、正確に落とすのがコツ。

西野's ADVICE

ゴロタ浜の「穴釣り」もおもしろい！

大石の間や、岩の下のえぐれたところなどには、ムラソイやギンポなどが潜んでいる。ここにエサを送り込んで釣る方法が「穴釣り」。探り釣りと同じ道具で楽しめる。

隙間を探して仕掛けを送り込む。意外な浅場にも魚がいるので、たんねんに探ろう。

 LINK ハリ付けの方法（➡ P.31）

COLUMN 02

根掛かり・オマツリの対処方法

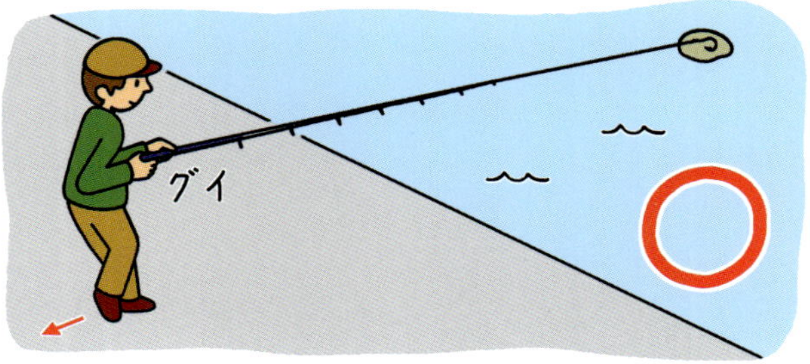

海底付近を探る釣りにつきものなのが、仕掛けが引っ掛かってしまう「根掛かり」。根掛かりしたら、まずは竿を軽くあおってみよう。強くあおると竿が折れるので注意。軽くあおっても外れなければ、ミチイトを引っ張ってみる。ミチイトを手で引っ張る方法もあるが、ケガしないようにタオルなどを手に巻くこと。船釣りでは、まずミチイトと竿を一直線にして引っ張ってみて、それでダメならミチイトを手で引っ張る。素早く処理しないと危険なので、どうしても外れなければ釣り場のスタッフなどに応援を頼もう。

混雑した釣り場や船上でよくあるのは、自分の仕掛けが、ほかの釣り人の仕掛けと絡まってしまう「オマツリ」。岸釣りでは、ほかの釣り人と十分な距離をおき、仕掛けを正確に投入することで、極力、オマツリを防ぐようにしよう。もちろん、こうした注意を払っても、潮に仕掛けが流されるなどして、オマツリすることはある。また、船釣りでは、釣れた魚が暴れて泳ぎまわることでオマツリしてしまうことも多い。協力して仕掛けを回収し、「すみません」とひとこと添えるのがトラブルを未然に防ぐ術だと心得よう。

PART
3

船釣り入門

岸釣りと並ぶ、もうひとつの海釣りのスタイルが船釣り。対象魚、釣り方ともに多彩で、ビギナーから楽しめる釣りがたくさんある。ポイントを知りつくした船長が案内してくれるので、魚の釣れる確率が高いのが魅力。

ひとりで行くなら乗り合い船 仲間となら仕立て船がおすすめ

「遊漁船」と呼ばれる船を利用する船釣り。まずはこの遊漁船のシステムを知ることからはじめよう。自分に合ったシステムの遊漁船を見つけ出せれば、はじめての船釣りは成功したも同然。

遊漁船のふたつのスタイル

ひとりでも利用できる乗り合い船と、一隻丸ごと借り切る仕立て船。両方のシステムに対応している船宿もある。仲間がいれば、仕立て船ではじめるのがおすすめ。

▶乗り合い船

見知らぬ他人同士が同じ船に乗る「乗り合い船」。予約が必要なものと、当日朝に行けば乗れるものがある。対象魚、釣り方、出船・帰港時刻が決まっており、午前中の釣りでは6～7時が出船時刻の目安。料金はひとり6,500～10,000円といったところ。

◀仕立て船

一隻を借り切る「仕立て船」。事前予約が必要だが、対象魚や釣り方、出船・帰港時刻は船宿と相談して決められる。料金は人数によって変わるところが多い。

はじめての船釣りを成功させるコツ

船釣りをはじめるうえで大切なのは、事前の情報収集。近年はホームページの内容が充実している船宿が多く、対象魚や釣り方はもちろん、レンタル品やエサ・氷などの料金まで詳しく知ることができるようになっている。

ビギナーへの対応に力を入れているかどうかも大事なポイント。ホームページで「初心者歓迎！」などとうたっている船宿は、利用する船宿の候補に入れておきたい。

いくつか候補が挙がったら、電話で問い合わせてみよう。質問などにていねいに応えてくれるところがベスト。

船釣りの主な対象魚と釣り方

船釣りの対象魚はさまざま。難易度もピンからキリまであるが、ここではビギナーでも実践しやすい釣りもの（対象魚と釣り方）を紹介しよう。それぞれの釣り方の詳細は 84 ページ以降で解説する。

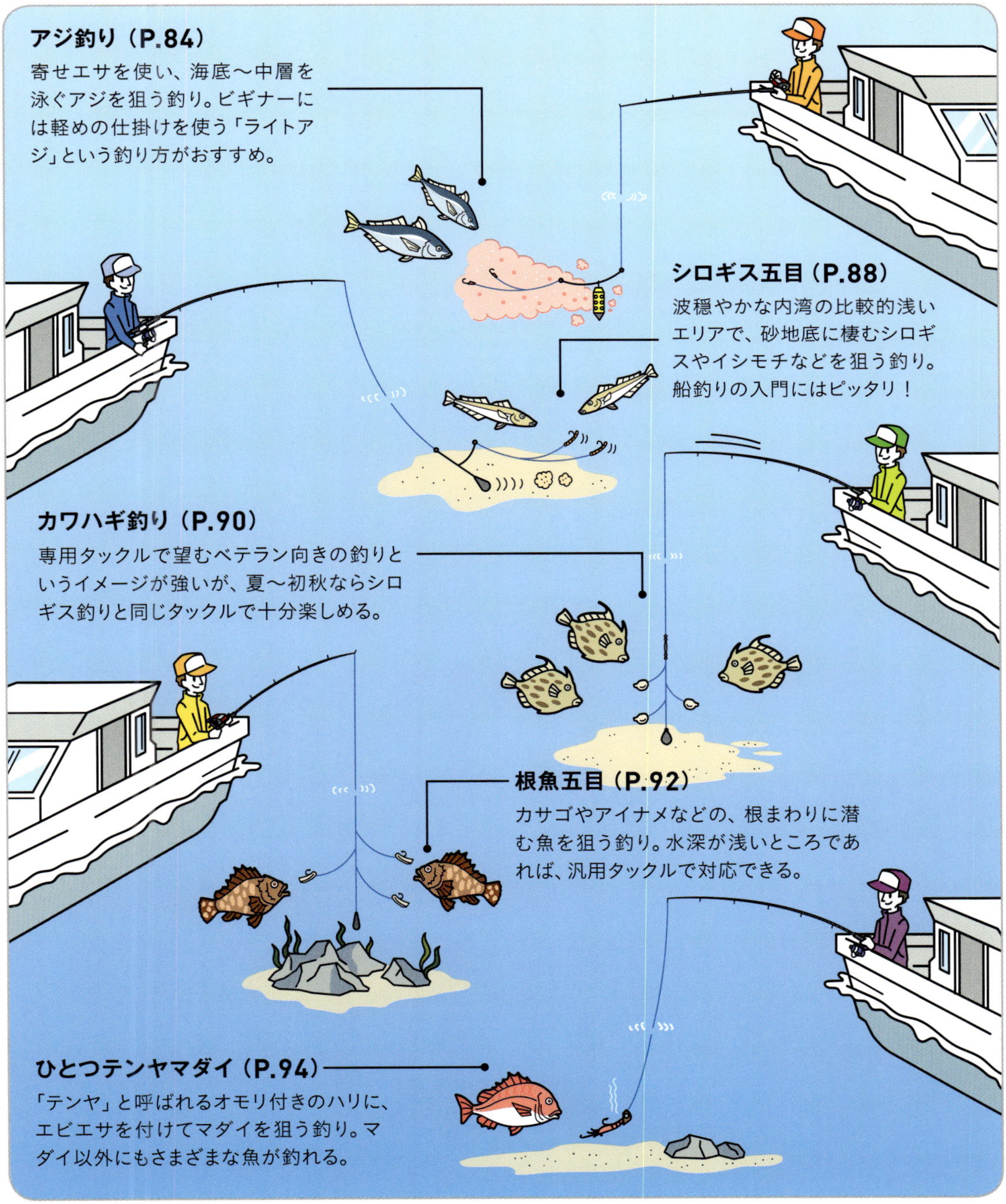

アジ釣り（P.84）

寄せエサを使い、海底～中層を泳ぐアジを狙う釣り。ビギナーには軽めの仕掛けを使う「ライトアジ」という釣り方がおすすめ。

シロギス五目（P.88）

波穏やかな内湾の比較的浅いエリアで、砂地底に棲むシロギスやイシモチなどを狙う釣り。船釣りの入門にはピッタリ！

カワハギ釣り（P.90）

専用タックルで望むベテラン向きの釣りというイメージが強いが、夏～初秋ならシロギス釣りと同じタックルで十分楽しめる。

根魚五目（P.92）

カサゴやアイナメなどの、根まわりに潜む魚を狙う釣り。水深が浅いところであれば、汎用タックルで対応できる。

ひとつテンヤマダイ（P.94）

「テンヤ」と呼ばれるオモリ付きのハリに、エビエサを付けてマダイを狙う釣り。マダイ以外にもさまざまな魚が釣れる。

遊漁船のつくりを知る

船の部位には名前がある。船宿のスタッフや船長と話すときのために覚えておくといい。また、トイレやキャビンのつくりについても、事前に聞いておくことをおすすめする。

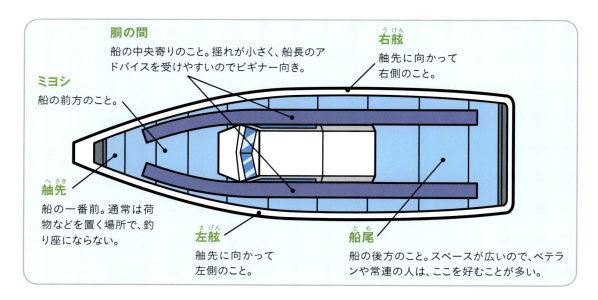

胴の間

船の中央寄りのこと。揺れが小さく、船長のアドバイスを受けやすいのでビギナー向き。

右舷（うげん）

舳先に向かって右側のこと。

ミヨシ

船の前方のこと。

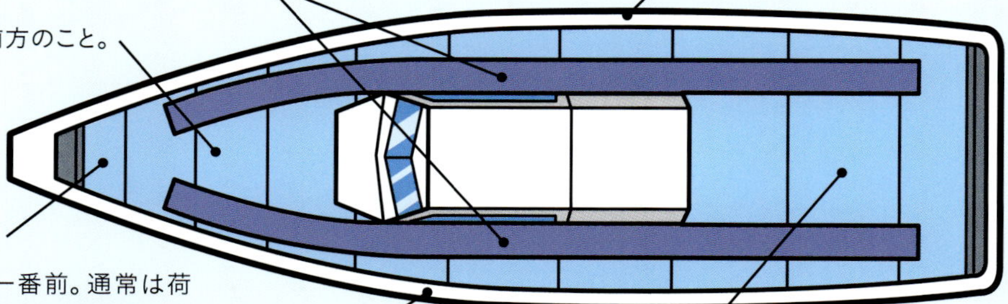

舳先（へさき）

船の一番前。通常は荷物などを置く場所で、釣り座にならない。

左舷（さげん）

舳先に向かって左側のこと。

船尾（とも）

船の後方のこと。スペースが広いので、ベテランや常連の人は、ここを好むことが多い。

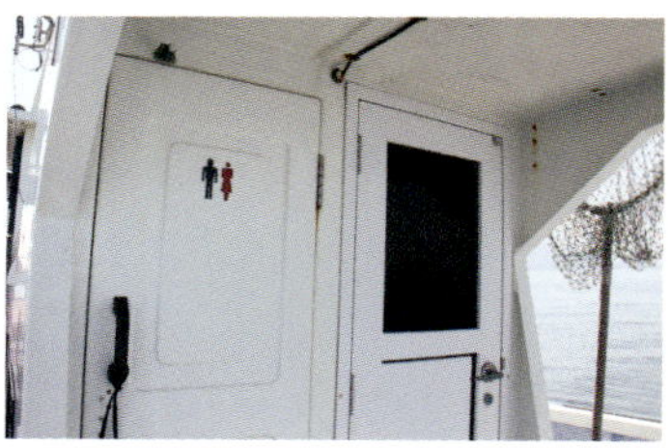

トイレ

船の規模によっては洋式・水洗機能付きのものもあるが、トイレがない船もあるので確認しよう。

キャビン

ポイントへの行き帰りの休憩に使う部屋。冷暖房が完備されたキャビンを設置した船もある。

海水が出るホース

足元のホースからは海水が出る。バケツに海水を溜め、魚を入れたり手を洗ったりするために使う。

西野's ADVICE

情報収集が大切！

いかに釣れる確率が高いといっても、時期や釣り場が適切でなければ好釣果は望めない。今、どこでどんな魚が釣れているのか、おおまかにつかんでおくことが大切。そのうえで、船宿を絞り込み、直接連絡して状況を確認しよう。数多くの船宿が登録しているポータルサイトもチェック！

各船宿のホームページのほか、ポータルサイトも利用価値が高い。エリアや対象魚で、数多くの船宿から選ぶことが可能。

電話での問い合わせのポイント

予約の要不要に関わらず、はじめて利用する船宿には電話でシステムや釣り方の詳細を聞いておく必要がある。釣りに行く日の1週間くらい前には問い合わせ、2～3日前に再度確認しよう。

エサや氷の有無

自分でエサや氷を用意しなければならない船宿もある。船宿が用意する場合は料金も確認。

レンタルの釣り道具

料金とともに、どんな道具なのかを聞いておく。仕掛けのレンタルや販売をしているところもある。

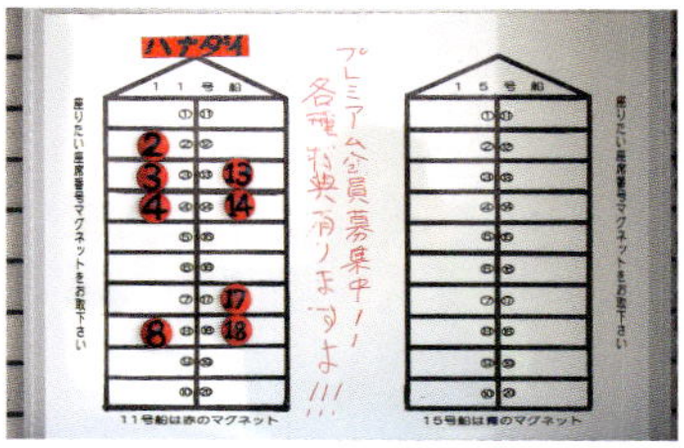

座席の決め方

一般的には受付順に自分で決める。乗船場にクーラーボックスなどを置いた順などで決まるところもある。

電話確認のチェックリスト

項目	内容
□ 乗船日と人数を伝える	予約が不要の場合は、何時頃に受付すれば確実に乗船できるかを確認。
□ 釣りのレベルを伝える	ビギナーの場合はその旨を伝え、それでも問題ないかどうかを確認する。
□ 釣りの状況	釣れ具合を聞いて判断。あまりに釣れていないようならパスしたほうが無難。
□ レンタル道具の有無	釣り道具のほか、ライフベストなどの貸し出しがあるかどうか。貸し出し料金も確認。
□ 乗船料金	エサ代、氷代が含まれているかどうかも聞いておくこと。
□ 出船・帰港時刻	集合時刻や詳しい集合場所についても確認する。仕立て船ならこちらから指定。
□ 釣り方	自分ができる釣り方かどうかが第一。使うオモリや仕掛けについて詳しく聞く。
□ トイレの有無	トイレ完備かどうか聞いておく。男性用小便器しかない場合もある。
□ 座席の決め方	乗り合い船では早い者勝ちが基本。整理券を配るシステムもあるので要確認。
□ 現地へのアクセス	駐車場の有無や場所を確認。最寄り駅から送迎してくれる船宿もある。
□ キャンセルの仕方	いつまでにキャンセルの連絡をすべきか、キャンセル料は必要かなどを確認。

CHECK!

乗船時刻の目安

乗り合い船には、8時間ほど釣りができる「1日船」のほか、半日だけの「午前船」「午後船」などのシステムがある。1日船や午前船は6～7時、午後船は12～13時が出船時刻の目安だが、船宿によって異なるのでよく確認しておこう。出船時刻の30分前には乗船できる用意を整えておくこと。

とくにはじめての船釣りでは、船長に釣り方などの説明を受ける時間も考えて、できるだけ早めに現地に到着しよう。

3-2

船釣りに必要な道具

釣りものによって道具は変わる 最初はレンタルを活用しよう

釣りものによっては、岸釣りと同じ道具で対応できるが、大型のクーラーボックスなど、用意しておいたほうがいいものもある。釣り道具についてはレンタルを用意している船宿が多い。

船釣りの装備

必要な装備は岸釣りとかなりの部分が共通するが、船釣り特有の装備や、船釣りならではの装備選びのポイントがある。必要なものをそろえておこう。

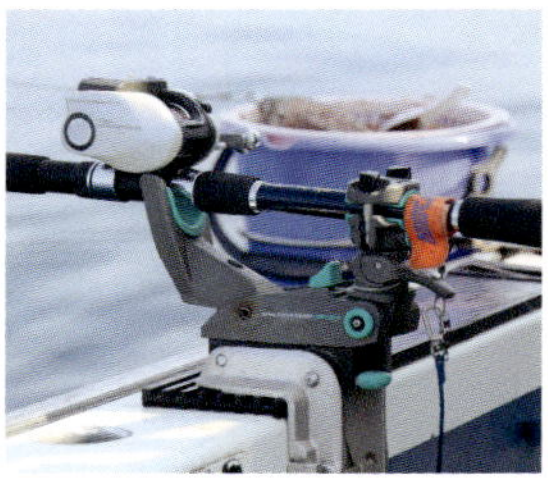

ロッドキーパー

釣り竿を置くためのもの。ワンタッチで取り外せる。廉価な簡易タイプもある。

クーラーボックス

基本は20ℓ程度。多くの釣果が望めるなら35ℓ前後のものがほしい。

尻手ロープ

釣り竿を落として水中に沈んでしまうのを防ぐため、竿尻に専用のロープを付けておくといい。

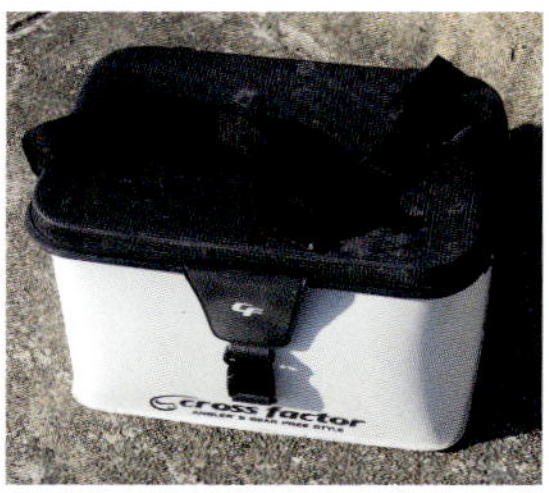

タックルバッグ

仕掛けのほか、プライヤーなどの小物類、タオル、食料、飲み物などをまとめておくのに便利。

無理せず最初はレンタルタックルで

釣りものが決まっているなら、それに合わせた釣り道具（タックル）を用意するのがベスト。汎用性の高い釣り道具は、本書で紹介する釣りものの多くに対応するが、ビギナーはレンタルを利用するのが賢い。その釣りを理解してから道具を手に入れたほうが、失敗が少なくてすむ。

なお、とくに乗り合い船では、仕掛けのほか、使用するミチイトの太さも、ほかの人と合わせる必要がある。ミチイトの太さが大幅に異なると、潮の抵抗を受けて流される量が変わってしまい、オマツリの原因になる。

汎用性の高いライトタックルの釣り道具

ビギナーが扱いやすいのは、軽量な「ライトタックル」と呼ばれる釣り道具。幅広い釣りものに対応できる。釣りものによって異なる部分については 84 ページ以降を参照しよう。

ミチイト

PEの1~2号が多用される。8の字結びでループをつくり、サルカンに接続する。細めのミチイトでは、先イトを付けたほうが、サルカンとの接続部分の強度が保てる。

船釣り用の竿

軽量で穂先の軟らかいものがおすすめ。両軸リール用の竿のほか、シロギス釣りなどではスピニングリール用の竿も使われる。

両軸リール

ライトアジやカワハギ釣り、根魚五目など、仕掛けを真下に落とすことの多い釣りでは、両軸リールが主流。船釣り専用のリールがおすすめだが、汎用リールでも対応できる。使用するミチイトが200mほど巻けるサイズのものを選ぼう。

両軸リールの使い方

船釣りでは、スピニングリールだけでなく、両軸リールの出番も多くなる。基本的な使い方を理解しておこう。タイプの異なる両軸リールの使い方は 116 ページを参照のこと。

持ち手の握り方

中指、薬指、小指で竿の持ち手を握り、人差し指を軽く添える。親指でクラッチレバーを操作したり、イト巻き部分を押さえたりする。

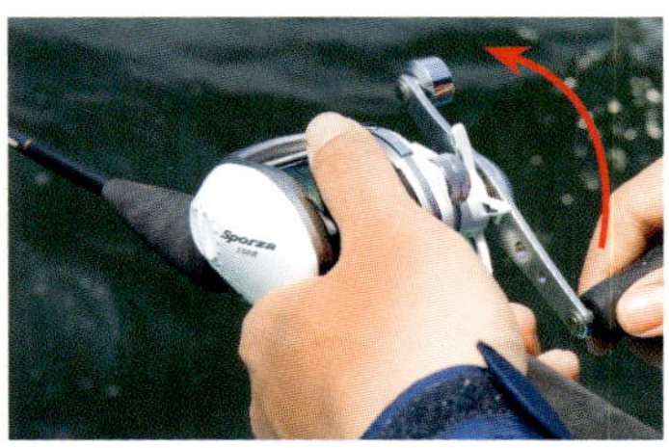

ハンドルを回して ミチイトを巻き取る

ハンドルを半回転させるとクラッチが戻り、ミチイトの出が止まる。さらにハンドルを回して巻き取る。

クラッチを切って ミチイトを出す

クラッチレバーを下に押すと、ミチイトが出る。親指をイト巻き部分に添えて、出ていくスピードを調整。

LINK 多くの釣りで必要な道具類（➡ P.21）、安全・快適な釣りの装備（➡ P.36）、先イトの接続方法（➡ P.104）

3-3

船釣りの基本テクニック

多くの釣りものに共通する基本的な技術を身につけよう

釣るためのテクニックは、釣り物によって異なるが、セッティングや段取りについては多くの部分が共通する。とくにスムーズに段取りができるかどうかは、釣果（ちょうか）にも関わるので覚えておこう。

釣り具の準備

仕掛けづくりなどは自宅ですませておく。船に乗ったら、ガイドにミチイトを通し、仕掛けをセットしよう。ポイントに着いて、すぐに釣りがはじめられるのが理想。

▶乗船後すぐにセットを開始

船が揺れている状態では、仕掛けなどをセットしにくく、船酔いの原因にもなる。出船前に釣り具や仕掛け（テンビンやオモリなど）の準備を行おう。ただし、ハリスやハリは船の移動中に絡むことがあるので、ポイントに着いてからセット。

◀氷の準備も忘れずに

氷は乗船料金に含まれていることがほとんど。出船前、もしくは乗船後に氷をもらったら、すぐにクーラーボックスに入れておこう。

すべての作業をスムーズに行おう

出船から帰港まで、長い時間があっても、実際に釣りができる時間は意外に短いもの。釣れるベストなタイミングとなると、さらに短い。

チャンスを逃さないようにするために、船長の合図と同時に仕掛けを投入できるよう、万全の準備をしておこう。仕掛けは出船前にセットし、予備の仕掛けなどもバッグの取り出しやすいところに入れておくといい。

釣り座を使いやすくセットしておくことも大切だ。プライヤーやハサミなどは、手の届く場所に置き、いちいち探さなくてすむようにしたい。

釣り座のセッティング

エサやプライヤーなど、頻繁に手にするものは、しまい込まずに自分の近くに置いておくこと。釣れた魚は足元のバケツに入れ、時間のあるときにクーラーボックスに移すと効率的。

寄せエサを使う釣りの場合

足元に釣れた魚を入れるバケツやクーラーボックスを置き、仕掛けや小物類を入れたバッグは手の届く場所に。釣り竿を竿かけなどに置いたとき、寄せエサをスムーズに詰められるようにセッティングするのがコツ。

釣りをはじめる

第一投目が最大のチャンスになる釣りものは多い。船長の合図と同時に仕掛けを投入できるようになろう。ただし、慌てて投入して仕掛けを絡ませたのでは意味がない。落ち着いて行うこと。

船長の合図で投入

船長から合図が出たら、仕掛けを投入。隣の釣り人と仕掛けが絡まないように注意しよう。

投入の準備

ポイントに近づき、船のスピードが落ちてきたら、ハリにエサ付けしたり、寄せエサを詰めたりして準備する。

西野's ADVICE

船酔い対策を万全に！

船釣り最大の敵は船酔い。はじめて船に乗る人や、船酔いの経験がある人は、酔い止め薬を飲んでおこう。エサのハリ付けなど、細かい作業をしていると船酔いしやすいので、ときおり遠くを見て平衡感覚を取り戻すことも大切。

ひどい船酔いになると復帰は不可能。酔い止め薬は、使用上の注意に従って服用すること。

仕掛けの投入方法

仕掛けの投入は、「真下に落とす」か、「軽く投げる」かのふたつに分けられる。スムーズに仕掛けを魚の居場所まで送り届けるために、それぞれのコツを覚えておこう。

仕掛けを投げる場合

下手投げで仕掛けを投入。イトがたるみすぎないよう、仕掛けの着水直前にイト巻き部分を押さえてミチイトの出を止め、またミチイトを出して仕掛けを沈める。

仕掛けが着底するとミチイトがフッとたるむ。ベイルを戻してミチイトを巻き取り、余計なたるみをとる。この状態から、釣りものに応じた誘いの動作に移る。

船下に仕掛けを落とし込む場合

仕掛けを絡ませないように注意して、オモリを下ろす。竿先を下に向けると、ミチイトとガイドの抵抗が少なくなり、スムーズに仕掛けを沈下させられる。

親指でイト巻き部分を軽く押さえながら、オモリを海底まで下ろす。オモリが着底するとミチイトがたるむので、ハンドルを巻いて余計なたるみをとる。

CHECK!

船釣りのマナーとルール

船釣りでは、船長の指示を守ることが最大のルール。釣りの開始・終了の合図には必ず従おう。マナーは、ほかの釣り人に気をつかうことがすべて。仕掛けを絡ませないように投入し、やりとりなどの最中に絡んでしまったら協力して外すこと。近くの釣り人が大物を掛けたら、仕掛けを巻き上げてオマツリを防ごう。

あわせとやりとり

魚の口にハリをしっかり掛けることを「あわせ」という。あわせの動作は対象魚によって変わるが、基本はしっかり竿を立てること。あわせたあと、魚を巻き寄せる作業を「やりとり」という。

やりとりの仕方

釣り竿を水平程度に構えて、リールのハンドルを回して巻き上げる。竿先を大きく上下させると、竿先を下げたときに抵抗が失われて、ハリが外れることがある。

あわせの方法

リールを巻いてミチイトを巻き取りつつ、竿を斜め30度くらいまで立てる。小さなアタリに対し、ピシッとコンパクトにあわせるほうがいい釣りものもある。

取り込みの方法

魚を船に引き上げる作業が「取り込み」。魚が大きくなく、仕掛けの強度が十分であれば、抜き上げるのが基本。大物の場合は、船長や同乗するスタッフに声をかけ、玉網(たまあみ)ですくってもらおう。

玉網を使う

船長やスタッフに頼んですくってもらうのがベスト。魚が網に入った瞬間に竿先を下げると、確実に網の奥に魚が入る。

抜き上げ

仕掛けが長い場合は、釣り竿を置き、ハリスをたぐって魚を取り込む。枝バリは、幹イトとの接続部をつかむといい。

西野's ADVICE

仕掛けはまめに交換しよう

つねにきちんとした仕掛けを使うことが、チャンスをものにするカギ。とくにハリスがよれていると、仕掛け絡みが増え、釣果が著しく落ちる。仕掛けを巻き上げて回収するたびにチェックし、不具合があればすぐに交換しよう。

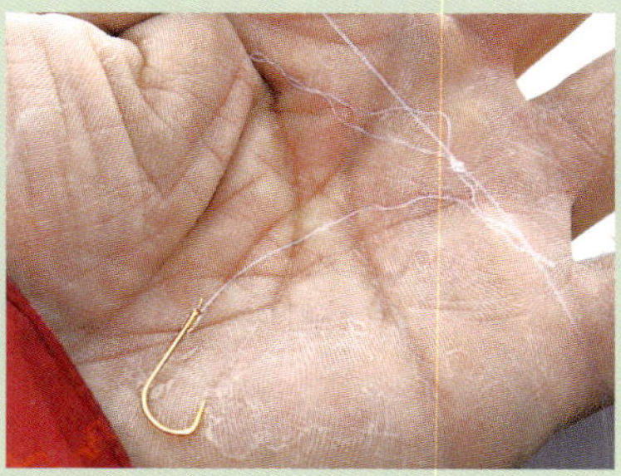

よれたハリスはトラブルの元。仕掛けをあらかじめつくり、仕掛け巻き（上）に巻いておくといい。

LINK ミチイトの放出を止める（➡ P.24）

「ライトアジ」の釣り方

はじめての船釣りに最適！ 大漁を味わおう！

はじめて船釣りにトライする人にもっとも人気があるのは、比較的軽量な仕掛けを使ったアジ釣り、通称「ライトアジ」。釣果が確実で、ビギナーに対応する船宿も多いのが、その理由。

ライトアジの魅力

釣り方が簡単なので、ビギナーでもすぐにできるようになる。アジにくわえ、サバなどのおいしい魚がたくさん釣れるのも魅力。いいサイズが連発することも。

▶ビギナーでも簡単！

仕掛けを投げたり、タナ（水深）を細かく刻んだりする必要がない。底～中層を探るので、根掛かりの心配が少ないのもいいところ。基本を教われば、だれでも理解ができる釣り方。

◀釣果が確実！

アジやサバは食味の面でも大人気。岸釣りで釣れるサイズより大型が望めるのも、この釣りの人気の理由。

ビギナーが釣りやすい船釣り入門の対象魚

数ある船釣りの釣りもののなかで、もっとも人気のある対象魚といえばアジ。とくに夏から秋にかけては、水深20～30mと比較的浅い場所で釣れるので、扱いやすいライトタックル（細いラインを使えるタックル）での釣り、通称「ライトアジ」が楽しめる。

ライトアジは、寄せエサ（コマセエサ）で魚を集め、付けエサに食わせる釣り方。一般的には、海底～海底上10m程度を中心に探る。船長が、どのくらいの深さを探ればよいかを伝えてくれるので、それに忠実に従うことが釣果を得るカギになる。

ライトアジのタックルと仕掛け

全長 1.8m 程度のライトゲーム専用竿が使いやすい。ミチイトは 1.5 号が標準だが、船宿の指定に合わせるのが原則。仕掛けも、どんなものがいいか船宿に聞いておこう。

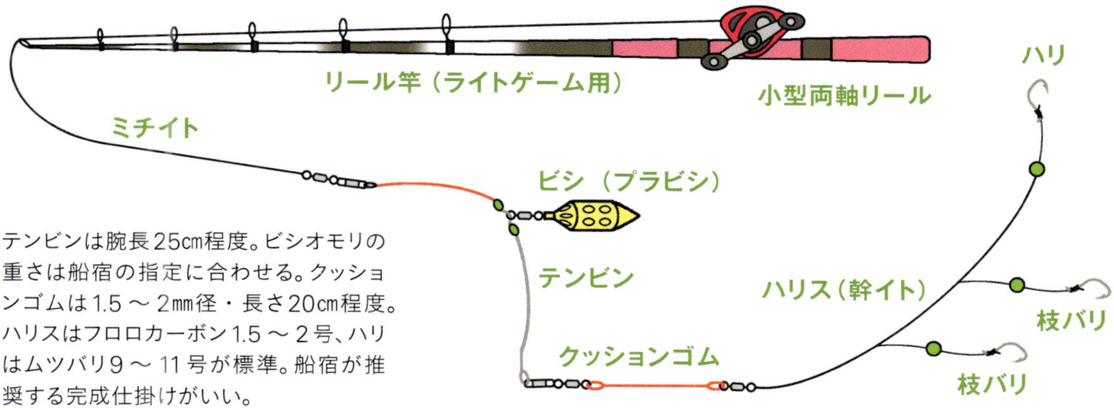

テンビンは腕長25cm程度。ビシオモリの重さは船宿の指定に合わせる。クッションゴムは1.5～2mm径・長さ20cm程度。ハリスはフロロカーボン1.5～2号、ハリはムツバリ9～11号が標準。船宿が推奨する完成仕掛けがいい。

ライトアジの対象魚

メインの対象魚は、もちろんアジ。サバは、仕掛けを絡ませるので嫌う人もいるが、サイズがいい傾向があり、食べておいしい。どちらも群れに当たればたくさん釣れる。

その他の魚

サバはアジよりも浅いタナを泳いでいることが多いので、避けたければ、より深いタナを重点的に狙うといい。

本命はアジ

浅場で釣れるのは体長30cm程度のいいサイズ。エリアによっては、体長40cmを超す大型も望める。

使われるエサ

「ビシ（プラビシ）」と呼ばれるオモリ付きのカゴに寄せエサを詰め、仕掛けの複数のハリに付けエサを付ける。同じ船宿でも、時期によって異なる寄せエサ・付けエサを使うことがある。

付けエサ

オキアミ（写真）のほか、アオイソメやイカタン（イカの切り身）が使われる。オキアミはまっすぐに腹掛けにする。

寄せエサ

アミコマセ（写真）のほか、イワシのミンチも使われる。いずれも船宿が用意してくれるのが一般的。

LINK 腹掛け（➡ P.31）

ライトアジの釣り方の流れ

竿をあおって寄せエサを振り出し、数秒間アタリを待つ。あおり方の強弱や、アタリを待つ間(ま)などを自分なりに試してみたい。アタリを待つときに、フワフワと竿を上下に動かすのも有効。

❶寄せエサを詰める

八分目を目安に、ビシに寄せエサを詰める。タナ（水深）が深いときほど、多めに詰めたほうがいい。

❷仕掛けを投入

ハリを舷側（船べり）に置いた状態で、テンビンを持ち、リールのクラッチを切ると同時にビシを投入する。

❸イトフケをとる

竿先を下に向けて仕掛けを落とし込み、着底後ミチイトがフッとたるんだら、すぐにハンドルを巻く。

❹寄せエサを振り出す

50cm〜 2mほど巻き上げつつ竿を2、3回あおってエサを振り出す。底から2m前後のタナでアタリを待つ。

❺アタリがあったら巻き上げる

アタリは明確に伝わるので、軽く竿を立て、釣り竿を水平〜わずかに上向きに保ち、リールで巻き上げる。

❸竿を置いて仕掛けを引き上げる

ビシが水面に見えたら巻き上げをやめ、ビシをコマセオケに、竿を船べりに置いてハリスを持ち上げる。

ライトアジの釣り方の基本

振り出した寄せエサの煙幕の中に付けエサを入れるイメージをもつことが大切。寄せエサを振り出してアタリを待つ作業を5分ほど繰り返したら、仕掛けを回収して寄せエサを詰め直す。

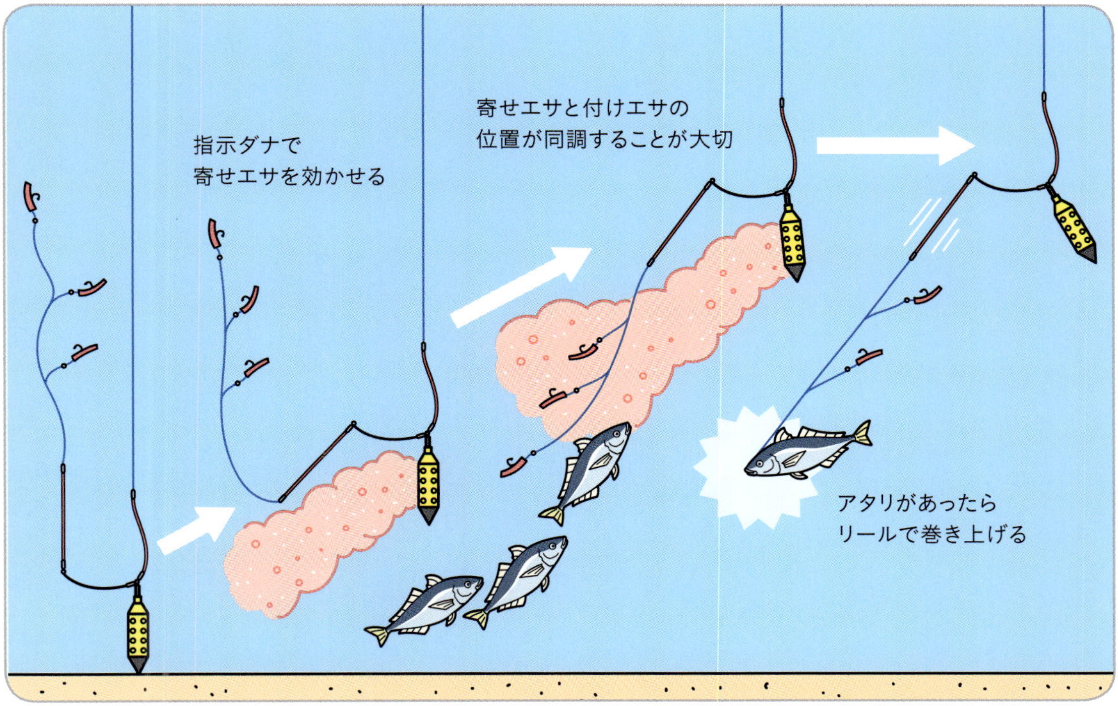
指示ダナで
寄せエサを効かせる
寄せエサと付けエサの
位置が同調することが大切
アタリがあったら
リールで巻き上げる

寄せエサで魚を誘う

タナは底から2m程度が目安だが、状況次第で変わるので、船長の指示をよく聞くことが大切。自分だけ釣れないときは、タナを50cm刻みで変えてみよう。とくにサバばかりがハリ掛かりするときは、タナを深めにしてみるといい。

間（ま）を長くとるのも手

アタリがないときは、積極的に寄せエサを振り出すのが常とう手段だが、アタリを待つ間を長くとってみることが有効なこともある。釣れないときはいろいろ試してみよう。

西野's ADVICE

釣れるタイミングを逃さない

短い時間に連続して釣れている場合、釣れた魚を足下に置いた水を張ったバケツに入れると手返しがよくなる。とくにアジなどの回遊魚は、釣れるタイミングを逃さず、まずは釣ることに専念しよう。その後、水氷を入れたクーラーボックスに投入すれば、より鮮度が保たれる。

多くの遊漁船には、足元に海水を供給するパイプが設置されている。バケツに海水をためて、釣れた魚を入れておこう。

LINK 仕掛けの投入方法（➡P.82）、あわせとやりとり（➡P.83）、取り込みの方法（➡P.83）、魚の持ち帰り方（➡P.136）

3-5

「シロギス五目」の釣り方

波穏やかな内湾で釣れる 手軽な釣りの代表格

砂地底（すなじぞこ）に棲むシロギスやイシモチを狙う「シロギス五目」。とくに初夏から初秋にかけては、浅場で大型が狙えるので、ビギナーにもおすすめの釣り方だ。食味のよさも大きな魅力。

シロギス五目のタックルと仕掛け

仕掛けを軽く投げて探るので、スピニングリールのタックルが使いやすい。専用竿にも廉価なものがあるが、ルアー用のリール竿でも流用は可能。

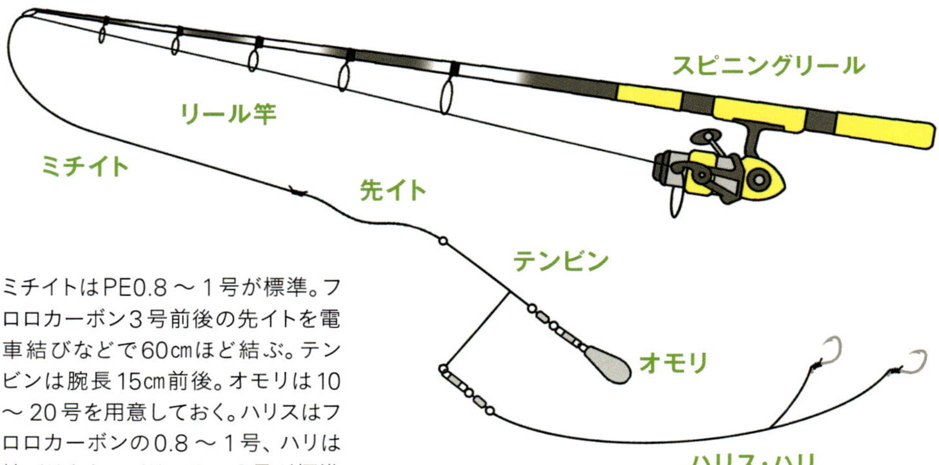

ミチイトはPE0.8～１号が標準。フロロカーボン３号前後の先イトを電車結びなどで60㎝ほど結ぶ。テンビンは腕長15㎝前後。オモリは10～20号を用意しておく。ハリスはフロロカーボンの0.8～１号、ハリは袖バリやキスバリの７～８号が標準。市販の完成仕掛けでいい。

簡単だけど奥が深い！ 誘い方を工夫しよう

パールピンクの美しい魚体に似合わぬ引きの強さ。もちろん、味も最高級。シロギスはベテランをも虜にする大人気の対象魚といえる。

一年中釣れるのもシロギス五目のよさだが、ビギナーが釣りやすいのは初夏から初秋。体長15～20㎝の食べごろサイズが、水深10ｍ程度の浅場でよく釣れる。仕掛けを投げて広く探ると釣果（ちょうか）がアップするが、船下を探るだけでも釣れることが多い。

シロギス五目は、経験者との差がつきやすい釣り。釣れている人を観察して、誘い方などを真似するのがコツ。

シロギス五目の対象魚

シロギスのほか、イシモチやメゴチ、カレイなどが釣れる。いずれも食べておいしい魚なので、ぜひ持ち帰ろう。メゴチはヌメリがあるので、ビニール袋に分けておくといい。

その他の魚

メゴチ（写真）は食べておいしい魚。こればかり釣れるときは、仕掛けを引くスピードを上げてみるといい。

本命はシロギス

ハイシーズンには水深10mに満たないところでも、体長25cmを超すものが望める。引きの強さも魅力。

シロギス五目の釣り方の基本

仕掛けを海底まで沈め、浮き上がらないように引きずる（これを「サビく」という）のが基本。船は少しずつ動いているので、無理して投げず、竿下で仕掛けを上下させるだけでもいい。

シロギスは底付近を泳いでいるので、オモリは底をゆっくり引きずるように誘うのが基本になる
仕掛けを引きずっているとき、重く感じたら、オモリがカケアガリなどに差し掛かった合図。カケアガリの途中で少し止めてアタリを待つのもいい

海底で仕掛けを引きずる

仕掛けが海底に着くと、ミチイトがフワッとたるむ。リールのベイルを戻してミチイトを巻き取ったら、竿先を横、もしくは斜め上に動かして仕掛けを手前にサビき、竿先を戻すときにミチイトのたるみを巻き取る。この繰り返しで誘う。

釣り方のコツ

仕掛けは10mほど投げられれば十分。竿先を下から斜め上に振る「下投げ」のほうが安全だ。隣の釣り人とミチイトが交差しないように、よく確認してから仕掛けを投入しよう。

仕掛けを引くスピード

基本は人が歩く程度のスピード。ただし、速め・遅めがいいときもあるので試してみよう。

ハリ付けを工夫する

エサはアオイソメ。タラシの長さは1cm以内が基本。食いが悪いときはタラシを長くしてみよう。

LINK 電車結び（➡P.29）

「カワハギ」の釣り方

エサ取り名人と呼ばれる難敵も釣り方次第で簡単に釣れる！

手元にアタリをまったく感じないのに、エサだけ取られる。そんなところから「エサ取り名人」と呼ばれるカワハギは、ベテランに大人気の対象魚。より簡単な釣り方で挑戦してみよう！

カワハギ釣りのタックルと仕掛け

「小突き釣り」というスタイルでは、両軸リールを使うのが基本になる。ビギナーが釣りやすいのは「たるませ釣り」という方法。スピニングタックルで可能。

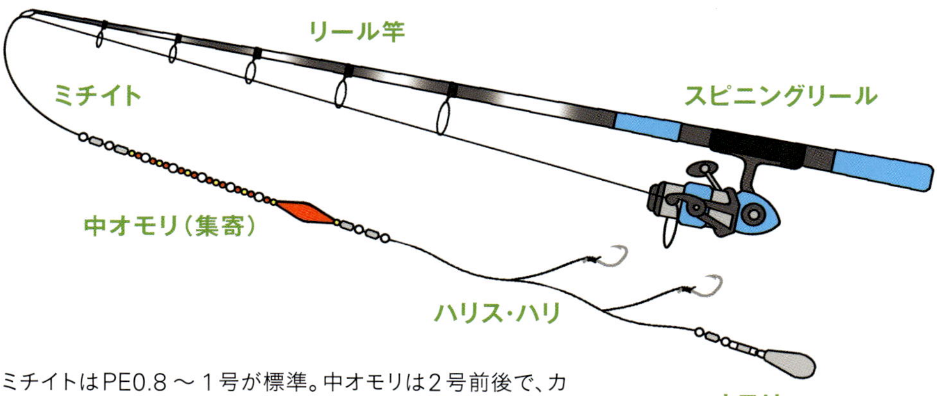

ミチイトはPE0.8～1号が標準。中オモリは2号前後で、カワハギを寄せる装飾のついた「集寄」と呼ばれるものを使う。オモリは20～30号。仕掛けは、市販の完成仕掛けでいいが、幹イト2.5～3号、枝ス2～3号、ハリはハゲバリ4～6号か丸セイゴ7～9号が目安になる。

難しい釣りものをできるだけ簡単に釣る

カワハギ釣りは、仕掛けを小突いて（上下に動かして）小さなアタリを取り、積極的にハリ掛かりさせる、ちょっと難易度の高い釣りとされる。だが、釣り方を変えれば、比較的簡単に釣れる。

その方法が「たるませ釣り」。カワハギは、中層にあるエサより、海底にあるエサのほうが、積極的に飲み込む傾向がある。仕掛けをたるませて付けエサを海底に着けるようにすることで、カワハギにしっかりエサを食わせることが可能になる。スピニングタックルが使えるので、ビギナーもトライしやすい。

カワハギ釣りの釣り方の基本

ただ単にエサを海底に着けておくのではなく、ときおり竿先を上げて、アタリを確認すると同時に、エサを踊らせて誘うのがカギ。アタリがなければ誘いのリズムや幅を変えてみよう。

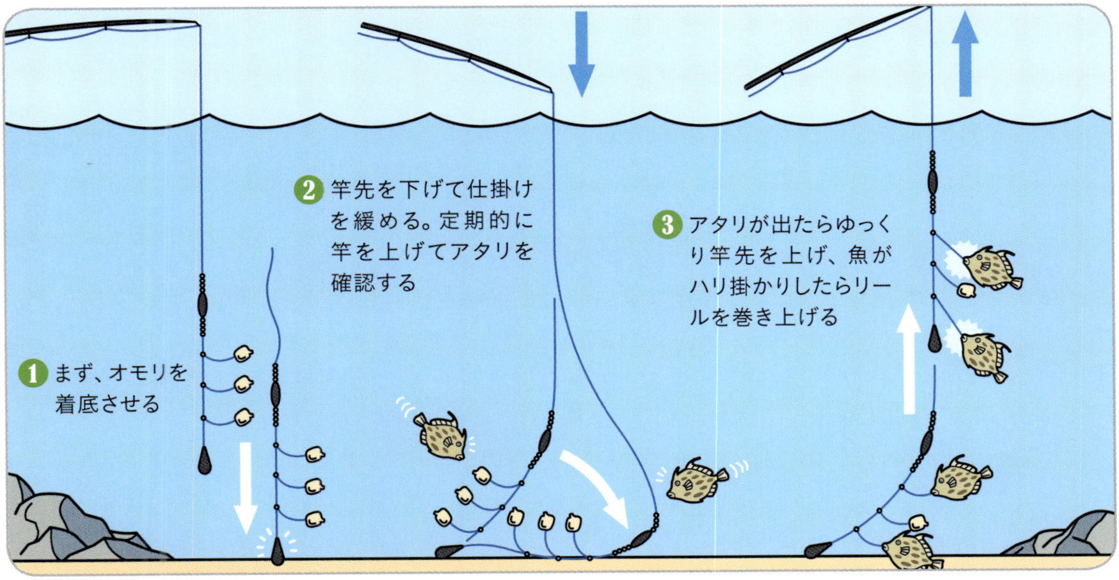

海底付近で誘う

仕掛けを軽く投げ、オモリが着底したら、リールのハンドルを巻いてミチイトのたるみをとる。次に、仕掛けの上に付けた集寄が着底するように竿先を下げる。ひと呼吸おき、アタリを確認するとともに、エサを動かして誘う。違和感があったら、ゆっくりミチイトを巻き取りつつ、そのまま竿先を上げてハリ掛かりさせる。

ハイシーズンなら難しくない

砂地底に点在する岩礁帯まわりがポイント。水温が高くなるハイシーズンになれば、水深20mより浅い場所で、普通の小突き釣りでもよく釣れるようになる。

釣り方のコツ

エサの付け方が悪いと、たとえたるませ釣りでもエサだけ取られることが多くなる。エサのアサリは、小さく丸く付けるのが基本。エサが大きいときは、水管とヒモを取って付けるといい。

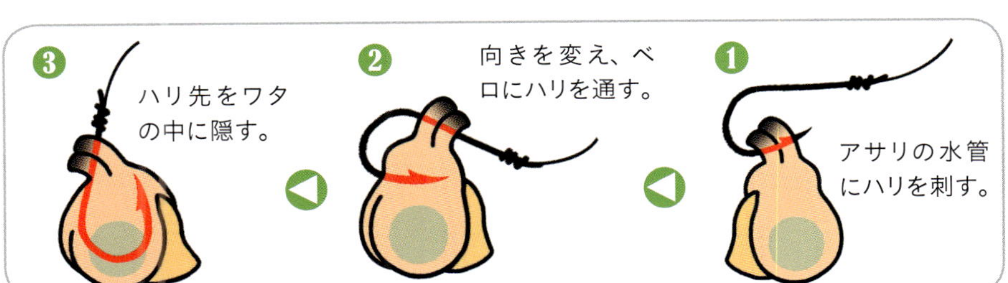

3 ハリ先をワタの中に隠す。
2 向きを変え、ベロにハリを通す。
1 アサリの水管にハリを刺す。

アサリエサの付け方

エサは、アサリのむき身を使用。ハリ付けの最後に、全体の形を整えるように、身を押し込んで小さくまとめるのがコツ。

3-7

「ライト根魚五目」の釣り方

海底付近をたんねんに探り 魚の居場所を直撃！

カサゴやソイの仲間など、比較的水深の浅い岩礁帯のまわりに潜む魚を狙うのが「ライト根魚五目」。海底付近を探るため、根掛かりが起きやすいが、それを恐れずにたんねんに探ってみよう。

根魚五目のタックルと仕掛け

全長 2m 前後、オモリ負荷 20 ～ 30 号の船竿のほか、バスフィッシング用の硬めのルアー竿も使える。根掛かりが多いので、仕掛けの予備はたくさん用意しよう。

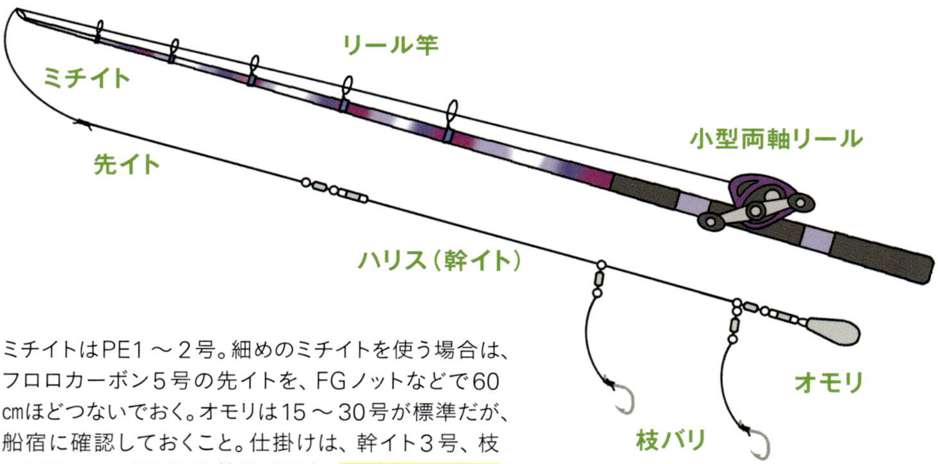

ミチイトはPE1 ～ 2号。細めのミチイトを使う場合は、フロロカーボン5号の先イトを、FGノットなどで60㎝ほどつないでおく。オモリは15 ～ 30号が標準だが、船宿に確認しておくこと。仕掛けは、幹イト3号、枝ス2号、ムツバリ12号前後が目安。根掛かりに備え、予備のハリを10セットほど用意しておこう。

岸から近い沿岸部で通年楽しめる

岩礁帯のまわりや隙間に潜んでいる根魚は、胴付き仕掛けと呼ばれる、一番下にオモリが付いた仕掛けで釣るのが一般的。オモリで海底をトントンと叩く要領で、つねに付けエサが海底付近にあるようにするのがカギだ。

岩礁帯の起伏が激しいほど、魚が潜んでいる可能性が高まるが、同時に根掛かりもしやすくなる。仕掛けをたるませると、根掛かりしがちなので、ミチイトを張っておくことを心がけよう。アタリがあったら、岩礁の隙間に逃げ込まれないよう、一気に巻き上げるのがコツだ。

根魚五目の対象魚

カサゴのほかに、ムラソイやベラなど、食べておいしい魚が釣れる。高級魚として知られるオニカサゴが釣れることもあるが、背ビレなどに毒針があるので、扱いには注意すること。

その他の魚

ササノハベラ（写真）やキュウセンなども岩礁帯を好む。刺身や塩焼き、煮付けなどにすると美味。

本命のカサゴ

カサゴは貪欲な魚なので、目の前にエサが落ちてくれば必ず食ってくる。ビギナー向きの対象魚。

根魚五目の釣り方の基本

オモリがコツコツと岩礁に当たるのを感じながら、根掛かりを恐れずに底付近を探る。ミチイトを極力たるませず、オモリで海底の起伏をなぞっていくようなイメージをもつといい。

❶まず、オモリを着底させる
❷オモリを着底させた後、トントンと叩きながら誘っていく
×
仕掛けを放置したままだと根掛かりしやすくなるので注意

海底付近をたんねんに探る

エサは、サバの身エサやキビナゴ、ドジョウ、アオイソメがポピュラー。仕掛けを投入して、オモリが着底したら数秒待ってミチイトを張り、竿先を10～20㎝上下して誘う。アタリがなければいったん1mほど巻き上げて、再度落としてみるといい。

こまめに底をとり直すのがカギ

起伏が激しいところでは、ミチイトを巻き取って根掛かりを防いだり、逆に送り出してオモリを着底させたりする必要がある。

LINK FGノット（➡P.104）

「ひとつテンヤマダイ」の釣り方

軽量な仕掛けを使って大物を狙う人気の釣り方

「テンヤ」と呼ばれる、オモリ付きのハリにエビエサを付け、超ライトなタックルで大物を狙う「ひとつテンヤマダイ」。マダイが浅場に入ってくる夏から秋の高水温期は、入門のベストシーズン。

ひとつテンヤマダイのタックルと仕掛け

ミチイトに極細の PE を使うのが、この釣りの仕掛けの特徴。ひとつテンヤマダイ専用竿が使いやすいが、シロギス用やメバル用のリール竿も流用できる。

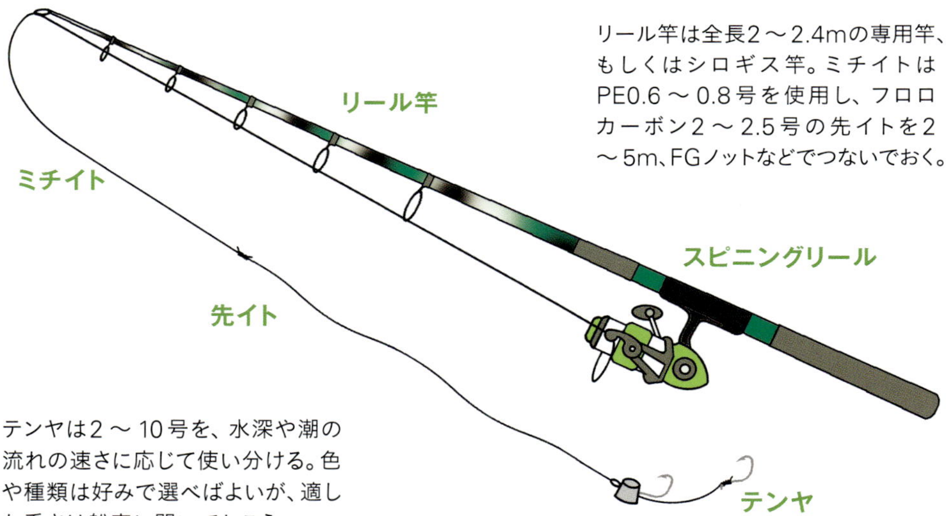

リール竿は全長2～2.4mの専用竿、もしくはシロギス竿。ミチイトはPE0.6～0.8号を使用し、フロロカーボン2～2.5号の先イトを2～5m、FGノットなどでつないでおく。

テンヤは2～10号を、水深や潮の流れの速さに応じて使い分ける。色や種類は好みで選べばよいが、適した重さは船宿に聞いておこう。

繊細なタックルで大物を狙うおもしろさ

釣り人憧れの魚、マダイ。ベテランでないと釣れないと思うのが当然だが、それを覆したのが、このひとつテンヤマダイ。タックルがシンプルなので、ビギナーでも問題なく挑戦できる。ただし、細いミチイトで大物とやりとりするため、ドラグ性能（P.101）のいいリールは必須になる。

釣り方も難解ではなく、テンヤの軽さを利用してエサをゆっくり沈め、アタリがなければ誘い上げて再度落とし込むだけ。難しいのはアタリのとりかたで、わずかなアタリを見逃さずにあわせを入れることがカギになる。

PART 3 船釣り入門

ひとつテンヤマダイの対象魚

マダイに絶大な効果があるひとつテンヤマダイだが、海底付近にいる根魚やハタの仲間、大型回遊魚、ハナダイ、イトヨリダイなど、釣れる魚は多彩なので、五目釣りを楽しむのもいい。

その他の魚

砂地底ではイトヨリダイ（写真）やハナダイ、クロダイなど。根があるところではカサゴやハタの仲間も釣れる。

本命はマダイ

マダイを比較的簡単に釣ることができるのが、この釣りの魅力。大型も望める。

ひとつテンヤマダイの釣り方の基本

ミチイトをフリーにしてテンヤをゆっくり落とし、着底して数秒待ってアタリがなければ、ゆっくりと竿をあおってテンヤを誘い上げる。テンヤが沈下する最中のアタリが多いので集中しよう。

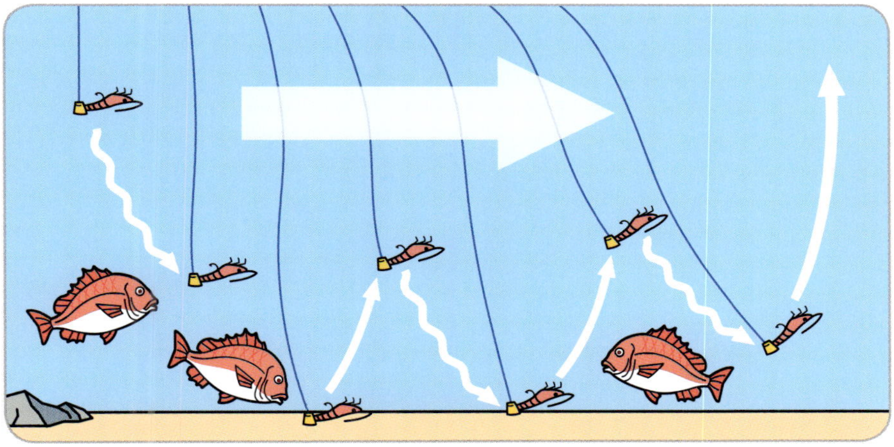

沈下中のアタリが多い

ゆっくりと沈め、着底したら誘い上げることの繰り返しだが、一番アタリが多いのは、最初の沈下中と着底の直後。ミチイトの動きが急に止まったり、引き込まれたりしたら、即座にベイルを戻して竿を跳ね上げよう。

釣り方のコツ

テンヤが着底することが、この釣りの大前提。最初のうちは、重めのテンヤを使うと、着底したことを感じ取りやすい。着底後に行う誘い上げのスピードや幅も、いろいろ試してみよう。

こまめに再投入

軽いテンヤは強い潮の流れを受けると着底しなくなる。ミチイトが斜めになったら回収して再投入。

ハリ付けの基本

エサは冷凍サルエビ。尾羽を切り取り、ハリを刺して腹に抜く。孫バリは頭に刺す。

LINK FGノット（➡P.104）

COLUMN 03

地域が変われば対象魚も変わる！

南北に長い日本列島では、地域ごとに多種多様な魚が棲息(せいそく)しており、対象魚もバラエティ豊か。堤防釣りに限っても、北海道ではサケやホッケ、沖縄では超大型のヒラアジの仲間などが人気の対象魚となっている。さらには、一般的には船釣りでしかお目にかかれないような、大型のマダイが堤防から釣れる地域もある。

岸釣りでも船釣りでも、地元から離れた場所で釣りを楽しむ際は、事前にインターネットや雑誌などで情報を仕入れるのが第一。訪れる時期にどんな魚が釣れるのか、手持ちの釣り道具の中からどれを持っていけばよいかが、おおまかに理解できる。

岸釣りでは、釣り場周辺の釣具店に必ず立ち寄ろう。より詳細な情報が得られるのはもちろんのこと、その地域ならではの釣り具や仕掛けを発見する楽しみもある。一方、船釣りであれば、地元での釣り以上に、船宿から詳細な情報を聞くことが大切。ほかの釣りの経験があっても、初心者の気持ちになって一(いち)から教えてもらおう。釣果だけでなく、釣りをするまでのプロセスや、地域の人とのコミュニケーションがいい思い出になる。

PART 4

ルアー釣り入門

人工的につくられたルアー（擬餌バリ）を、自分で操作して魚を誘うのが、ルアー釣りの醍醐味。上達すればするほど釣果がアップする。活きエサに抵抗のある人にもおすすめ！

ルアー釣りに適したフィールド

岸釣りはもちろん船釣りでも楽しめる！

エサ釣りができるフィールドの多くは、ルアー釣りも楽しめる。問題は、ルアー釣りの対象魚がいるかどうか。狙いの魚がどんな場所を好むかを知ることで、より釣れる可能性が高くなる。

岸釣りと船釣り、ふたつの魅力

岸からのルアー釣りは、チョイ投げ釣りやサビキ釣りのような多くの装備を必要としないので、手軽に楽しめる。船釣りは大物も狙えるのが魅力。

▶手軽な岸釣り

ルアーは生エサや活きエサのように保管に気をつかう必要がないので、ある程度の数をそろえてしまえば、思い立ったときにすぐ釣りに行ける。対象魚が決まっていれば、数個のルアーで十分に釣りになるのもいいところ。

◀釣果の期待度が高い船釣り

船長がポイントを選んでくれるので、釣れる確率が高いのが魅力。本書では、ビギナーにおすすめの「ライトジギング」という釣り方を114ページ以降で解説する。

エサ釣りのフィールドすべてで楽しめる！

ルアーとは、金属やプラスチックなどでつくられた擬餌（ぎじ）バリのこと。多くのルアーは放っておくだけではアクションせず、臭いもないので、釣り人が積極的に動かし、魚を誘う必要がある。これがルアー釣りのおもしろさ。

ルアー釣りの対象となるのは、小魚やエビ、カニといった動物性のエサを獲っている魚である。また、虫エサなどを模したソフトルアーもあるので、エサ釣りの対象魚のほとんどが釣れるといっても過言ではない。フィールドも、エサ釣りができる場所とほぼいっしょと考えていい。

岸からのルアー釣りのフィールド

足場のよさを考えると、ビギナーには堤防がベスト。周囲の環境が岩礁帯（がんしょうたい）なのか、砂地底（すなじぞこ）なのかで釣れる魚が変わるのは、エサ釣りと同じ。狙いの魚の習性を理解して釣り場を選ぼう。

砂地底まわりの堤防

砂地底を好む魚のなかで、ルアーによく反応する魚種はヒラメ、マゴチなど。虫エサを模したソフトルアーなら、イシモチやカレイ、クロダイなども狙える。

岩礁帯まわりの堤防

根（水中の岩礁）には、カサゴやムラソイ、メバルといった根魚のほか、アジやアオリイカなどの回遊魚も着きやすい。小型ルアーで狙える魚が多いフィールド。

磯（岩礁帯）

浅いところでムラソイやカサゴが狙える。海藻が生えているところはアオリイカの好ポイント。

ゴロタ浜

沖のカケアガリ（水深が急に深くなるところ）のほか、岩と岩の間も狙い目。

河口域

スズキを筆頭に、クロダイやカレイなど、汽水（淡水と海水が交じり合うところ）を好む魚の宝庫。

砂浜

ヒラメやマゴチ、回遊魚が狙える。状況次第でポイントが遠くなるので、その場合は遠投が有利。

西野's ADVICE

フィールドに合った装備を！

砂浜では、水しぶきをかぶることが多いので、ウエーダー（胴長）が必要。また、磯では滑りにくいスパイク底などの靴、ブーツを着用しよう。ゴロタ浜は、足元が不安定なので、くるぶしまでカバーする靴がおすすめ。

ウエーダーは胸まであるものがおすすめ。滑りにくいスパイク底（上）は、磯で必須。

LINK 海釣りの主な対象魚とシーズン（➡ P.18）、安全・快適な釣りの装備（➡ P.36）、岸釣りが楽しめるフィールド（➡ P.42）

4-2 ルアー釣りのタックルを選ぶ

汎用タックルがおすすめ。対象魚に合った長さを選ぼう！

チョイ投げ釣りに使うボート竿なども使えるが、おすすめはルアー釣り専用竿。狙う魚に応じて、ルアー竿の長さや強さは決まってくるが、初心者は取りまわしのよい短めのルアー竿を選ぼう。

岸釣り用と船釣り用のタックル

ルアー釣り専用の竿は、大きく岸釣り用と船釣り用に分けられる。いずれも使うルアーのサイズ（重さ）や対象魚の大きさに合わせて選ぶのが基本。

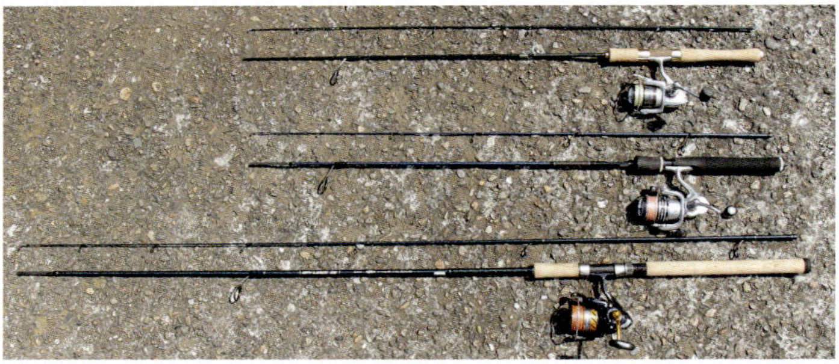

岸釣り用

上から小物釣りの万能ルアー竿、ブラックバス用、スズキ用。小型ルアーを中心に使うなら、上のふたつが使いやすい。また、遠投が必要な場所では長いルアー竿が有利だ。

船釣り用

船からのルアー釣りに使われる竿の一例。全長1.8m前後のものが多い。詳しくは116ページで解説する。

汎用性の高いルアー竿ではじめよう

「タックル」とは釣り竿とリール、ミチイトなどのこと。最初から「アジしか狙わない」「アオリイカが釣りたい」と、対象魚が明確なのであれば、専用竿が一番だが、ビギナーには、汎用性の高いタックルがおすすめ。岸釣りの場合、小型ルアー用の万能ルアー竿やブラックバス用の竿があれば、多くの魚種を狙える。

汎用タックルは廉価だが、安価すぎるものは品質に不安がある。タックルは、ルアーを積極的に操作するために大きな役割を果たすので、ルアー竿とリールで合計1万円以上を目安にしよう。

ルアー竿選びの基準

重いルアーを遠くまで飛ばしたり、大型の魚を狙ったりするなら、長く、強い（硬い）ルアー竿が必要だ。価格の違いはパーツなどのつくりに反映されるので、よくチェックしよう。

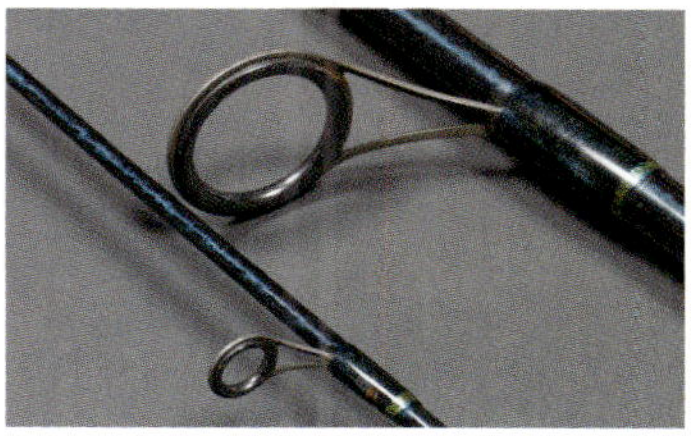

パーツのつくり
ガイドの品質は重要。耐久性に優れた「SiC」などの高性能ガイドを採用した釣り竿がおすすめだ。

強さ
ルアー竿の強さは、さまざまな基準で表示される。釣具店でよく説明を聞いて購入するのがベストだ。

全長
初めてルアー釣りをするなら、短めの竿がおすすめ。取りまわしがよく、基本を習得しやすい。

リール選びの基準

キャスト（投入）の回数が多いルアー釣りでは、エサ釣り以上にリールの性能が問われる。なお、両軸（ベイトキャスティング）リールについては、116 ページ以降で解説しよう。

ドラグの性能
魚の引きに応じて、スムーズにラインを送り出してくれる高性能のドラグがあると、大型とのやりとりが圧倒的に有利になる。

サイズ
小〜中型のスピニングリールを選ぶ。巻けるミチイトの量のほか、リール竿とのバランスも大切。

ライン選びの基準

ルアー釣りでは、ミチイトのことを「ライン」と呼ぶのが一般的。ビギナーが使いやすいのは、しなやかなナイロン製。一方、遠投したいときや、船のライトジギングでは、PE が有利になる。

ラインのタイプ
用途に応じてナイロン、フロロカーボン、PEラインを使い分ける。最初はしなやかで扱いやすいナイロンがいい。

ラインの太さ
ラインには強度が表示されている。写真の「8lb」の表示は、8ポンド（およそ4kg）の荷重に耐えるという意味だ。

LINK 釣り道具の基本的な扱い方（➡ P.22）

4-3

ルアー釣りの基礎知識

対象魚・釣り場に応じて適切なルアーを選ぼう！

ルアーの特徴や性能を理解して対象魚に合ったものを選び、状況に合わせて使い分けることが、ルアー釣りの難しさであり、おもしろさでもある。まずは基本的な分類から覚えていこう。

ルアー釣りの仕掛け

仕掛けはシンプル。ただし、ミチイトに PE ラインを使用するときは、1 〜 1.5m ほど、ナイロンやフロロカーボンの先イト（リーダー）を結んだうえで、ルアーを接続する。

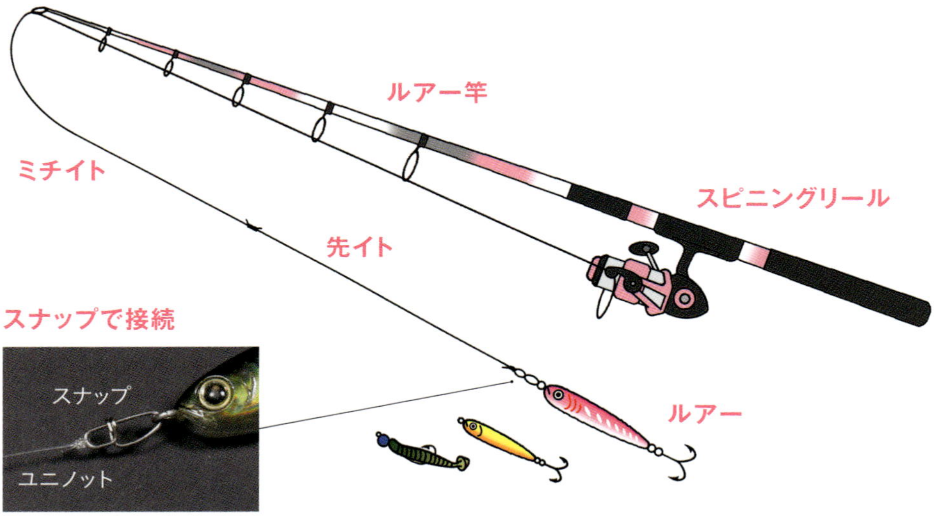

多彩なルアーを使いこなそう！

ルアーにはさまざまな種類があるので、ビギナーには、どれを選んだらいいのか見当もつかないもの。初めてルアーを購入するなら、ルアー釣りに詳しい釣具店へ行き、釣り場や釣りたい対象魚を伝えて、店員さんにおすすめのルアーを教えてもらうのがベストな方法といえる。

大切なのは、購入時に、そのルアーの特性（浮くのか、沈むのか、どれぐらいのタナ＝水深を泳ぐのかなど）や、基本的な使い方を聞いておくことだ。あとは釣り場で実際に使ってみて、一種類ずつ使いこなせるようになろう。

主なルアーのタイプ

ビギナーには、安価で手軽に使えるソフトルアーがおすすめ。とくにメバルやアジ、カサゴ狙いでは多用される。一方の船釣りでは、メタルジグが主役になることが多い。

ソフトルアー

軟らかい素材でできたルアー。形状はさまざまだ。「ジグヘッド」と呼ばれるウエイト付きのハリ（中・下）をセットして使うことが多い。

ミノープラグ

小魚のかたちをしたルアー。放っておくと浮くタイプ・沈むタイプのほか、リーリング（P.105）で潜る深さが異なるタイプが各種ある。

メタルジグ

鉛製で、サイズの割に重いルアー。遠くまで飛び、速く沈む。小型回遊魚狙いでよく使われ、より深いタナ（水深）を探るときにも有効だ。

主なルアーの特徴

水面近く、海底付近、あるいは沖と、狙うべき場所は魚種や状況によって変わる。それぞれのルアーの特徴を知って、どれを使えば狙うべき場所を効率よく探れるかを考えよう。

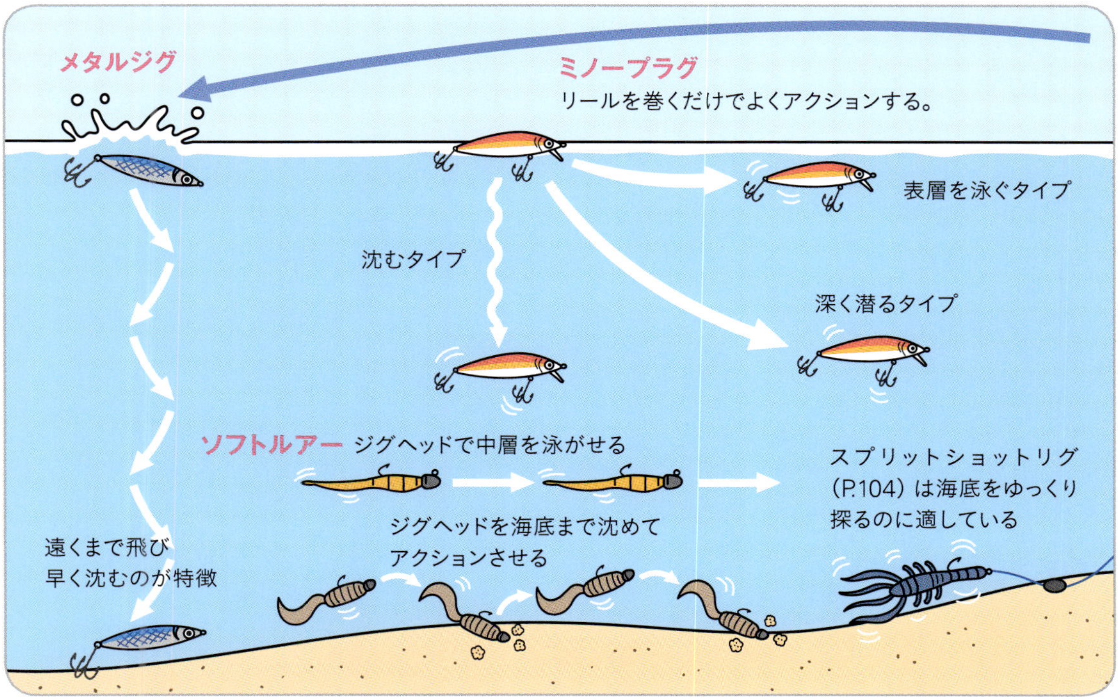

メタルジグ
ミノープラグ
リールを巻くだけでよくアクションする。
表層を泳ぐタイプ
沈むタイプ
深く潜るタイプ
ソフトルアー ジグヘッドで中層を泳がせる
スプリットショットリグ（P.104）は海底をゆっくり探るのに適している
ジグヘッドを海底まで沈めてアクションさせる
遠くまで飛び
早く沈むのが特徴

LINK 覚えておきたいイトの結び方（➡P.26）、FGノット（➡P.104）

ラインシステムの組み方

ミチイトに先イト（太めのナイロンなどのイト。リーダーとも呼ぶ）をつなぐことを、「ラインシステムを組む」という。方法はさまざまだが、ここでは理解しやすい「FG ノット」を解説しよう。

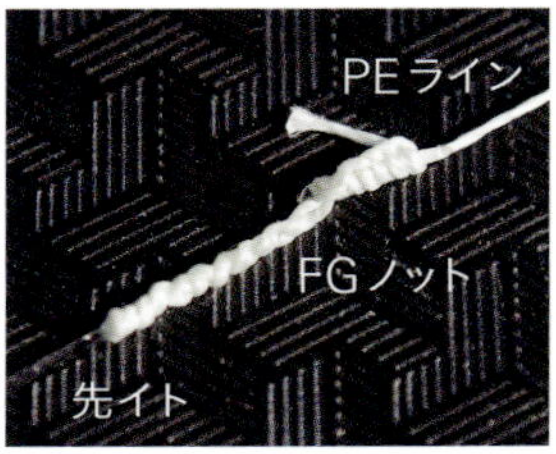

PE ラインを使うときは先イトを結ぶ

たとえば1号のPEラインを使用するときは、16 ～ 20ポンド（おおよそ4～5号）の先イトを結ぶ。先イトには、伸びがあってクッションの役割をしてくれるナイロンがおすすめだ。先イトの適切な長さは、釣りものによって異なるが、1 ～ 1.5mを目安にしよう。先イトの結び方はさまざまだが、代表的なのは右のイラストの「FG ノット」だ。

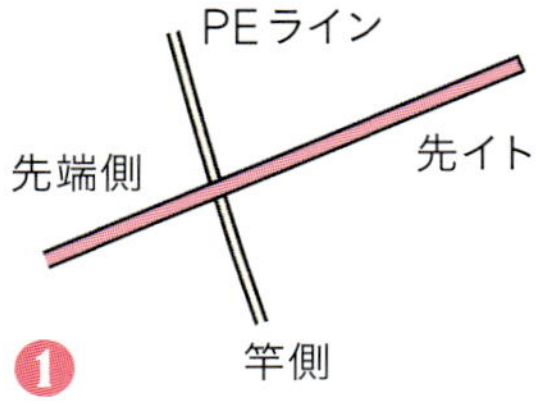

❶ PEラインを軽く張った状態にして、先イトと交差する。PEラインの結びしろは30cm程度とっておく。

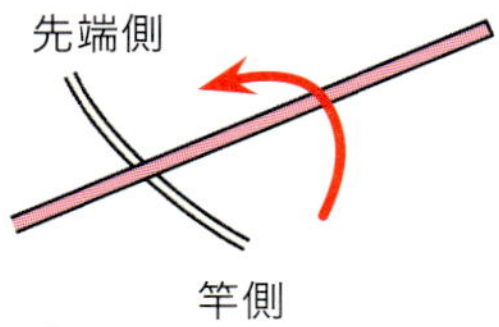

❷ まずPEラインの竿側を先イトに一周、巻き付ける。

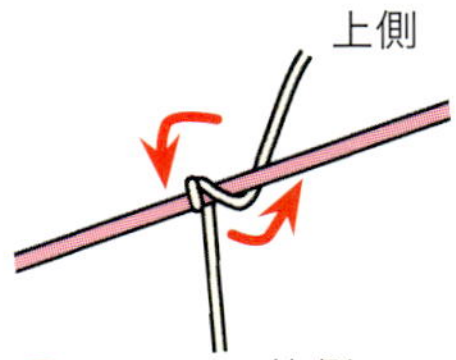

❸ 次に、PEラインの先端側を先イトに一周、巻き付ける。

❹ ❷～❸を繰り返す。最初の数回は、巻き付け部分が緩みやすいので、ズレないように注意。

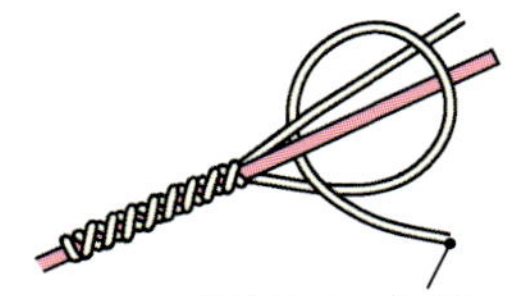

❺ 10 ～ 15回巻き付けたら、先イトの先端とPEラインの本線を束ねて、PEラインの端イトで結び止める。

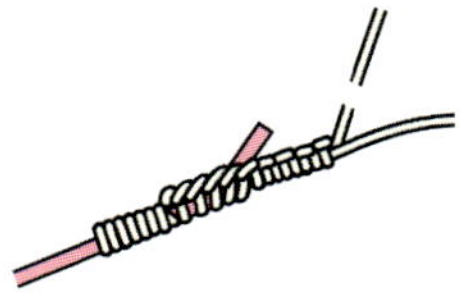

❻ PEラインを引き絞り、❺の結びを10回ほど行って、先イトの余りをカット。最後にPEラインの余分をカットする。

ソフトルアーのセット方法

ソフトルアーは、専用のフック（ハリ）を装着して使う。フックには、オモリが付いているジグヘッドと、付いていない「ワームフック」がある。それぞれの基本的なセット方法を覚えておこう。

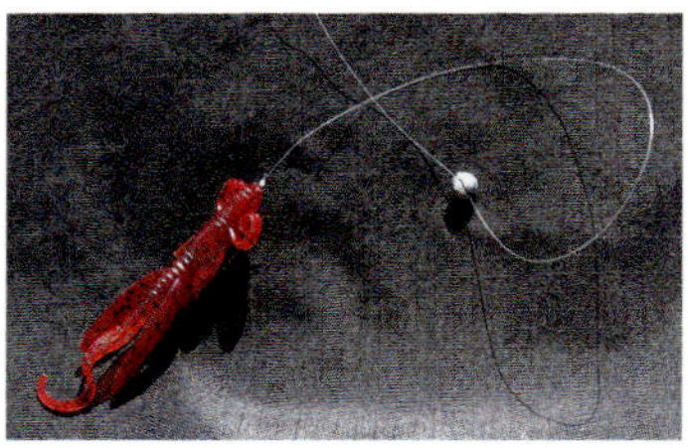

スプリットショットリグの利点

ワームフックに刺したソフトルアーの上10 ～ 30cmのところにガン玉を付けたスプリットショットリグ。海底付近をじっくり探るのに向く。

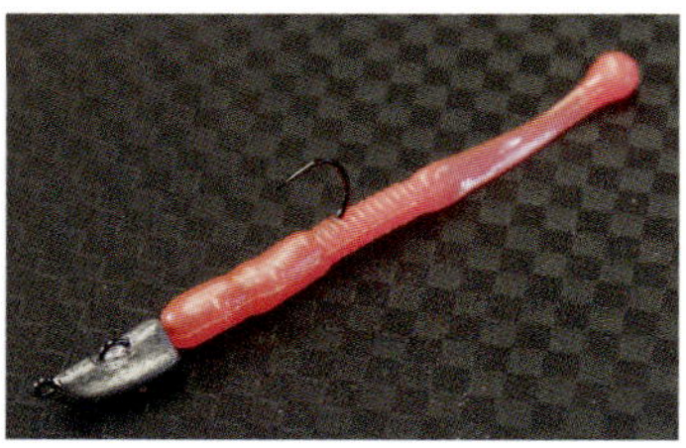

フックにまっすぐ刺す

曲がった状態でフックを刺すと、回転したり、きちんとアクションしなくなったりする。まっすぐフックが通っているか確認しよう。

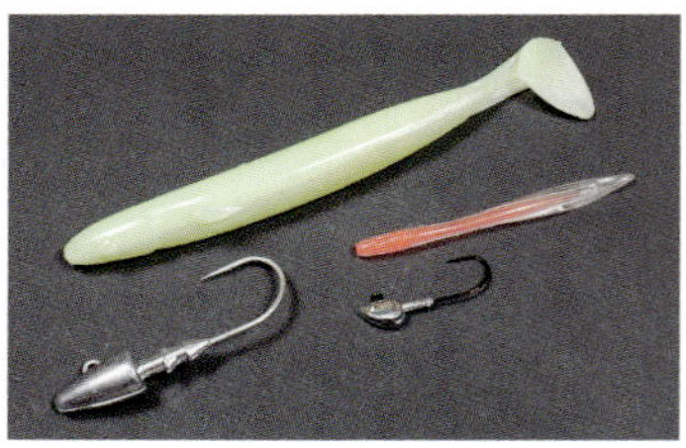

フックのサイズを選ぶ

サイズが合わないと、ハリ掛かりが悪くなる。パッケージに適合フックサイズが記載されていなければ、購入時に釣具店の店員に聞こう。

ルアー釣りの基本動作

ひと言でいえば、「ルアーを投げて、巻く」ができれば、ルアー釣りは成り立つ。リーリングの最中に竿先を動かして、ルアーに不規則なアクションを加えることができれば一人前だ。

❶ルアーの投入

ルアー竿を振りかぶったときの反動を活かして投げるのが、ラクな投入のコツ。後方確認を忘れずに。

❷ミチイトの出を止める

着水直前にミチイトの出を止める。その後、ルアーを沈めたいときは、ミチイトを再度放出することもある。

❸リーリングでルアーを引く

リールを巻いてルアーを引き寄せる（リーリング）。引くスピードを変えることで、アクションに変化が出る。

❹竿先を動かして変化をつける

竿先をチョンチョンと動かすと、それに反応してルアーの動きは変化する。リズムや強さをいろいろ試そう。

❺アタリがあったらあわせる

アタリは明確なものが多い。ゴン！と手元に衝撃がきたら、即座に竿先を上げるなどしてあわせよう。

CHECK!

ルアーの泳ぎを確認する

使っているルアーが、どんなスピードでどんな泳ぎ方をするのか、竿先を動かすと泳ぎにどんな変化が生まれるのか、足元でルアーを泳がせて確認しよう。

LINK リール竿での仕掛けの投入（➡ P.25）

カサゴ、ムラソイの釣り方

4-4

海底の障害物まわりを丹念に探るのがカギ！

カサゴやムラソイといった根魚は、海底の障害物のまわりに潜んでいる。ソフトルアーを海底まで落とし、テンポよく探るのがセオリー。底まで見通せる浅い場所も見逃さずにしっかり探ろう。

カサゴ、ムラソイ狙いのポイント

障害物が多いほど、根魚がいる可能性は高くなる。ただし、起伏が激しすぎると根掛かりしやすくなるので、狙いを定めてルアーを投入することが大切になる。

▶磯や大岩まわりが有望

周囲に岩礁帯や、大小の岩がゴロゴロと点在している堤防やゴロタ浜（P.44）がおすすめ。水深1m程度までが釣りやすい。水中の根（海底の障害物）などを目で見て確認できるところがベスト。

◀ムラソイは超浅場も狙い目

ムラソイは夏の産卵期になると、水深50cmにも満たない浅場に入ってくることがある。

ソフトルアーでじっくり誘う

根魚は障害物の影に隠れ、近くを通るエサをじっと待っていることが多い。ポイントをルアーが瞬時に通過するのではなく、ここぞと見極めた場所で、小刻みにルアーを動かして誘うのがコツになる。わずかな水の流れでもゆらゆらと動く、エビなどを模したソフトルアーがおすすめ。

初夏以降がシーズン

カサゴ（写真）やムラソイが浅場に入ってくるのは初夏から秋口。冬はやや深場を狙おう。

カサゴ、ムラソイ狙いのタックル＆ルアー

ブラックバス用のタックルが流用できる手軽さも、根魚狙いのいいところ。ソフトルアーは、1～5gのメバル用ジグヘッドが使いやすい。スプリットショットリグは5B前後のガン玉が標準だ。

ルアー

全長4～5㎝の、小型のソフトルアーが有効。浅い場所では軽めのジグヘッドやガン玉を使おう。

根掛かりを減らす工夫

ジグヘッド（ウエイト付きのハリ）は、軽いほうが根掛かりは減る。着底を感じ取れる範囲で軽くしよう。

タックル

ブラックバス用スピニングタックルがおすすめ。全長6フィート（1.8m）前後で、強さは「ミディアムライトアクション」と表示されたものを基準にしよう。軟らかすぎるとかえって使いづらい。ミチイトは8ポンド（2号）程度のナイロンが扱いやすい。これを100mほど小型スピニングリールに巻いておく。

カサゴ、ムラソイ狙いの基本

堤防のきわや根のまわりを丹念に探ればよいので、遠投しなくても十分に釣りになる。とくにムラソイは、足元の大岩や根の狭い隙間などにソフトルアーを落とし込むだけで釣れることも多い。

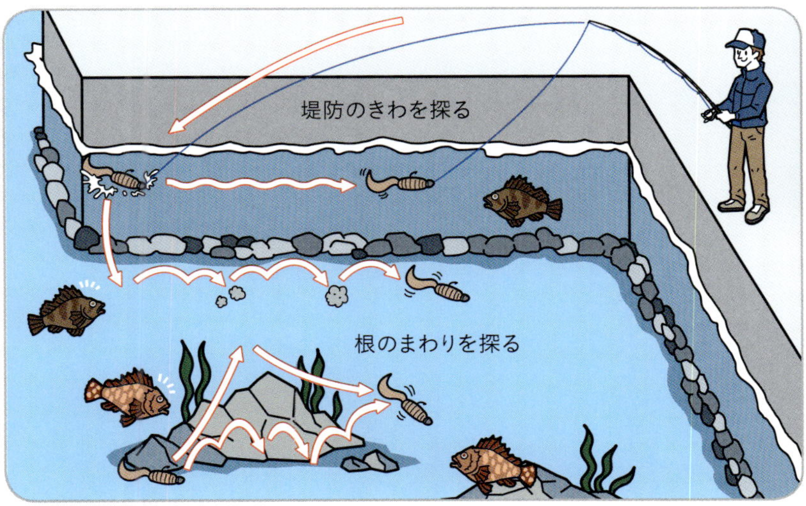

障害物のきわを探る

堤防のきわは好ポイント。堤防と平行にソフトルアーを投入し、底付近をゆっくり引いてくるほか、足元にまっすぐ落とし込むのも有効だ。周囲の根を探るときは、根掛かりを恐れずに、ギリギリを狙おう。

LINK ルアーの種類と特徴（➡P.103）

4-5

アジ、メバルの釣り方

小型のルアーで群れがいるタナを探ろう！

回遊魚であるアジと、根まわりに着くメバル。魚の性格は異なるが、タックルやルアーは共通するものが多いので、両狙いで楽しめる。夜間を含め、夕刻から朝方にかけて釣りやすくなるのも同様。

アジ、メバル狙いのポイント

アジ狙いは潮通し（潮の流れ）のよい場所が好ポイント。サビキ釣りなどで好釣果が聞かれるところがいい。メバルは、周囲に根などがあるところほど期待できる。

▶潮通しのよい場所

堤防の先端や漁港の出入り口付近など、潮がよく流れる場所がおすすめ。サビキ釣りを楽しむ人が多いところでは、邪魔にならないように気を配ろう。また、メバルはゴロタ浜（P.44）も狙い目。

◀小魚がいると期待度が高まる

アジやメバルがエサにする、体長3〜4㎝の小魚の群れが確認できると、釣れる可能性が高まる。

人気急上昇中！軽量ルアーの対象魚

根魚よりもさらにライトなタックルで釣ることができるアジやメバル。一年中狙え、テクニックの向上に結果が応えてくれる醍醐味から、近年、人気を集めている。とはいえ、決して難しい釣りではなく、明け方・夕方、それに夜間の釣りであれば、比較的簡単に釣ることが可能だ。

軽量なタックルで釣れる

根のまわりに群れているメバル。体長20㎝前後が平均なので、軟らかいルアー竿で楽しめる。

アジ、メバル狙いのタックル&ルアー

アジ用、メバル用、それぞれの専用竿がベストだが、一方の専用竿でどちらの魚種も対応は可能。ルアーは極小のソフトルアーがおすすめ。ほかに小型のメタルジグ、ミノープラグも使われる。

▼タックル

全長6〜7フィート(1.8〜2.1m)の専用竿と小型スピニングリールの組み合わせがベスト。胴がしっかりしたトラウト(ニジマスなど)用のルアー竿も使える。ベテランは複数のタイプのミチイトを使い分けるが、ビギナーにはナイロンがおすすめ。2〜3ポンド(おおよそ0.6〜0.8号)が標準。

◀ルアー

1〜2gのジグヘッドと、全長5cm前後のソフトルアーの組み合わせがポピュラー。

Gulp!
Saltwater
SHIRASU HEAD

夜釣りに必要な装備

夜釣りはもちろん、夕刻・明け方の釣りでも、ヘッドランプは必ず用意。

アジ、メバル狙いの基本

アジもメバルも、釣れるタナ(水深)を探すことが大切。ジグヘッドを重くしたり、リーリングする速さを遅くすると、より深いタナにルアーを泳がせることができる。夜間は浅いタナも有望だ。

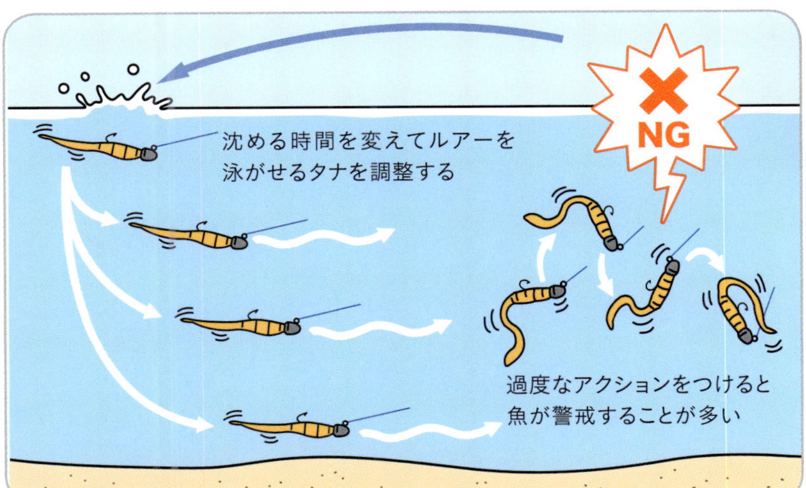
沈める時間を変えてルアーを泳がせるタナを調整する
NG
過度なアクションをつけると魚が警戒することが多い

リーリングでタナを探る

一定のスピードでリーリング(リールのハンドルを回してミチイトを巻き取ること)し、同じタナを長く泳がせるのがコツ。派手なアクションをつけると、警戒してかえって食わない。夜間は常夜灯まわりがベスト。水面近くまで魚が浮上していることも多い。

LINK ルアーの種類と特徴(➡P.103)

4-6

小型回遊魚の釣り方

群れが近づくタイミングを見逃すな!

サバ、ワカシ、ソウダガツオなどの小型回遊魚は、一般的に夏から秋口にかけて岸に近づいてくるが、地域によって異なるので、情報収集がなにより大切。射程に入れば、釣るのは難しくない。

小型回遊魚狙いのポイント

外海に大きく突き出し、足元から水深がある堤防がベスト。毎年、同じ時期に小型回遊魚が近づく堤防は各所にあるので、事前に情報を集めておこう。

▶堤防の先端周辺がベスト

潮通しがよく、沖へルアーを届かせるのに有利な堤防の先端周辺や、岸壁の角などが一番のポイント。状況次第では港内で釣れることもあるので、広範囲をチェックしてみよう。また、岸近くにカケアガリのある砂浜も狙い目。

◀鳥山があったら期待度大!

小型回遊魚などに追われた小魚の群れと、それを狙う海鳥の姿が見られたら、その付近に投入!

引きの強さが魅力

小型回遊魚とはいえ、体長50～60㎝も望める(写真はブリの幼魚)。強い引きを味わおう。

ルアーを遠投して群れを狙おう!

小型回遊魚はエサを求めて泳ぎまわっている。エサとなるイワシなどが堤防の近くにまわってきたときがチャンスだ。沖にいる群れの周囲にルアーを届かせることが最大のカギだが、もちろん、港内にこれらの魚が入り込んでくることもある。大型埠頭など、水深が深いところが有望だ。

小型回遊魚狙いのタックル＆ルアー

遠投しやすいメタルジグが有効。特定のサイズや色、動きにしか反応しないことも多いので、各種用意しておくといい。タックルも、遠投がしやすいよう、長めのルアー竿を基準に選ぼう。

◀ルアー

メタルジグやジグミノーなどが多用される。重さ8～25gをそろえておこう。カラーはピンクや銀色、水色など、各3色ほどはほしい。

ハリのセッティング

ハリがボディ頭側に付いたもの（上）は、ハリがイトと絡みづらいのがメリット。

▶タックル

専用竿もあるが、硬めのスズキ用ルアー竿でも対応できる。全長は長いほうが有利だが、取りまわしを考えて8～9フィート（2.4～2.7m）ではじめてみよう。ミチイトは1号前後のPEで、先イトは16～20ポンド（4～5号）・1～1.5mが標準。リールはドラグ性能（P.101）が優れる中級機種以上がおすすめ。

小型回遊魚狙いの基本

まずは群れがいるところまでルアーを届かせることが大前提。魚の居場所がよくわからないときは、潮（しお）の流れが変化しているところを狙ったり、ルアーを沈めてみたりするのが手になる。

小魚が跳ねていれば、その先に
ルアーを投入して水面近くを引く
群れの場所がわからなければ
いったん沈めて巻き上げる

食い気があれば表層狙い

小魚が跳ねる姿や鳥山が見えて、群れの場所が想定できれば、群れが移動する前方にメタルジグを投入。素早くリーリングして水面近くを引いてこよう。ときおり竿先を操作して不規則な動きを演出するのも有効。

LINK ルアーの種類と特徴（➡P.103）

4-7

アオリイカ、コウイカの釣り方

日本古来のルアー、「エギ」で狙う！

食べておいしいアオリイカは、大人気の釣りもの。活きアジをエサにする釣り方もあるが、近年はエギを使った釣りがポピュラー。同じタックルで、釣り方を少し変えれば、コウイカも狙えるぞ！

アオリイカ、コウイカ狙いのポイント

アオリイカは根が点在する場所、コウイカは砂や泥の底を好む傾向がある。釣り場の条件は大きく異なるが、いずれもエサとなる小魚の多いところが狙い目。

▶根が点在するところが有望

アオリイカ狙いは、周囲に根があるところが釣りやすい。海藻などが生える根のまわりを泳ぎ、獲物を見つけると一気に近寄ってくる。一方のコウイカは、なんの変化もなさそうな湾内の漁港などでも十分に狙える。

◀堤防上の墨を見逃さない

釣り上げられたアオリイカやコウイカが吐き出した墨。堤防の上にこの跡があれば、実績ポイント。

大型も望める！

産卵期の春先は大型狙い、仔イカが成長する秋は数釣りが楽しめる。写真はアオリイカ。

イカの仲間はエギで誘って釣る！

エギは、イカの仲間を狙うために生まれた日本古来の擬餌バリ＝エギが原型となっている。エギのサイズ、色、そしてアクションのつけ方などによって釣果に明確な差が生まれることが、この釣りの醍醐味。もちろん、食べておいしいイカであることも、大きな魅力といえる。

アオリイカ、コウイカ狙いのタックル＆ルアー

スズキ用のルアー竿でも対応できるが、やはり「エギングロッド」と呼ばれる専用竿が使いやすい。エギは、大型狙いでは3～3.5号、小型が多いときは2.5～3号を目安に選ぼう。

タックル

全長8～9フィート（2.4～2.7m）の専用竿がベスト。対応するエギの重さが表示されているので、それを目安に選ぶ。ミチイトは0.8号のPEが標準。フロロカーボン2.5号程度の先イトを、1.5mほど結んでおこう。リールは小型スピニングリールを使用。ドラグ性能（P.101）に優れたものがおすすめ。

ルアー

エギ（イカ釣り用のルアー）にはさまざまなタイプやカラーがある。実績の高いものを釣具店で聞いてみよう。

底を探る仕掛け

底付近にいるコウイカを狙うときは、写真のようにオモリを接続するのもひとつの手。

アオリイカ、コウイカ狙いの基本

アオリイカ狙いでは、いったん海底まで沈めたエギを跳ね上げて誘うのがカギ。一方、コウイカ狙いでは海底を中心に探る。エギを底付近でズルズルと引っ張るのも効果的。

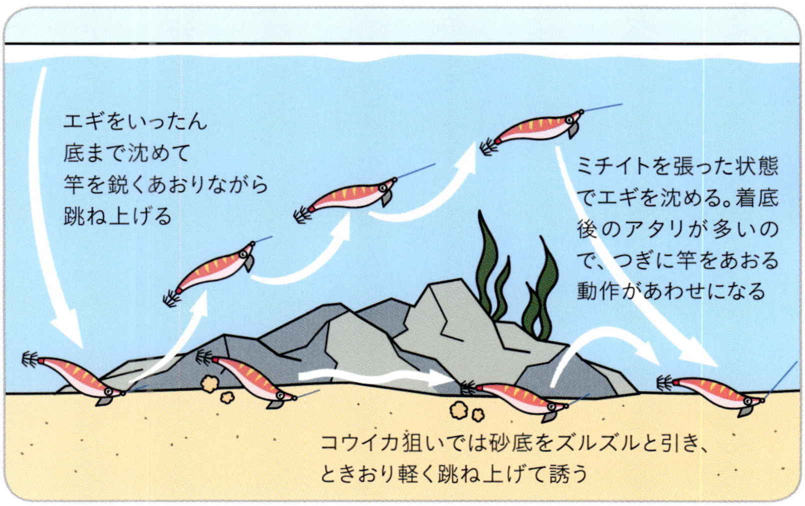

エギをいったん
底まで沈めて
竿を鋭くあおりながら
跳ね上げる
ミチイトを張った状態
でエギを沈める。着底
後のアタリが多いの
で、つぎに竿をあおる
動作があわせになる
コウイカ狙いでは砂底をズルズルと引き、
ときおり軽く跳ね上げて誘う

大きくあおって誘う

アオリイカ狙いの場合、エギをいったん沈めたら、竿先を大きく、鋭く数回振り上げてエギを跳ね上げる。その後、ミチイトを張ったまま沈め、底に再び着ける。これを繰り返すのがもっとも効果的。

4-8

船のライトジギングに挑戦！

沖を泳ぐ魚を効率よく狙え ビギナーでも釣果確実！

エサ釣り同様、ルアーでも船からの釣りが楽しめる。フィールドや対象魚に応じた多彩な釣り方があるが、ビギナーにおすすめなのは、ライトライン（細いミチイト）を使う「ライトジギング」。

ライトジギングの魅力

「ライト」とはいっても、体長50㎝を超す回遊魚などが狙えるので、岸釣りよりも激しいやりとりが楽しめる。釣れるのは食べておいしい魚ばかりなのもうれしい。

▶大海原で魚を狙う！

水平線を眺めながら釣りをする船釣りの開放感は格別。船長がポイントまで案内してくれるので、ビギナーでも安心。船の下を泳ぐ魚を想像しながら釣る楽しさは、船釣りならでは。

◀高級魚も望める！

マダイやハタといった高級魚も、ライトジギングの対象魚になる。人気なのは写真のシーバス（スズキ）とタチウオ。そのほか、小型回遊魚や根魚もポピュラーだ。

ルアーの「船釣り」を体験する第一歩

ルアー釣りの世界にも、船釣りはある。エサ釣り同様、対象魚はさまざまで、それに応じて釣り方も多彩。幅が広く、奥の深い世界といえる。

その世界に入る最初の一歩としておすすめなのが「ライトジギング」。名称から察せられるように、ライトラインを使う釣り。主な対象魚はサバやイナダ、ワカシといった小型回遊魚だが、シーバスやタチウオなども人気が高い。ほかに、底物（そこもの）と呼ばれるアイナメやカサゴも狙える。近年はルアー専用の遊漁船が増え、入門しやすくなっているので、臆せず挑戦してみよう。

ライトジギングの主な対象魚

水面から中層では小型回遊魚、海底付近では底物（そこもの）や根魚（ねざかな）がライトジギングの主な対象魚。エサ釣りの付けエサと比べて、ルアーはサイズが大きいので、対象魚も比較的大型になる。

根魚

アイナメやカサゴ（写真）も好対象魚。メタルジグやタイラバ（P.117）のほか、ソフトルアーでも狙える。

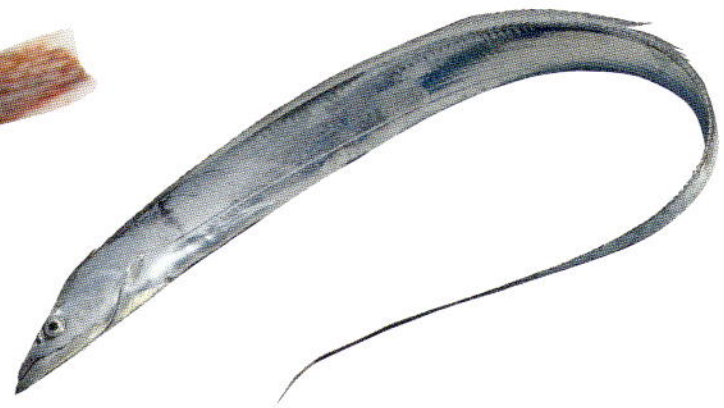

タチウオ

東京湾、駿河湾、伊勢湾、瀬戸内海などで人気の対象魚。地域によって異なるが、夏から冬がシーズン。

小型回遊魚

イナダやワカシ（ブリの幼魚）、サバなどは、ポピュラーな対象魚。ルアーなら大物も望める。

ライトジギング船を選ぶ

ルアー釣りをメインにしている、通称「ルアー船」がおすすめ。まず、インターネットや情報誌などで対象魚や釣れ具合を確認し、つぎに船宿に電話して釣り方などを問い合わせよう。

対象魚・釣果を調べる

インターネットのホームページに釣果情報を掲載している船宿は多い。釣りたい魚の釣れ具合を確認。

エリアを調べる

外海と湾内では、対象魚はもとより、海の状況が大きく変わる。外海ではうねりの影響を受けやすい。

船のデッキ形状

デッキ（船上）をフラットにしたり、手すりを付けたりしているルアー専門の船は、釣りがしやすい。

西野's ADVICE

チャーターボートも楽しい！

東京湾や名古屋港、大阪湾といった都市港湾部を中心に、小型チャーターボートでの釣りを楽しむことができる。仕立て船同様、釣り方や対象魚、出船時間などはリクエストに応じてくれるので、仲間を誘って乗ってみよう。

一般的なチャーターボートは4～5人乗り。仲間同士で気兼ねなく釣りを楽しめる。

LINK 海釣りの主な対象魚とシーズン（➡ P.19）、遊漁船と仕立て船（➡ P.74）

ライトジギング用のタックルを選ぶ

重量20g程度までのルアーを使うなら、ブラックバス用のルアー竿でも対応できるが、操作しやすいのはやはり専用タックル。スピニングとベイト、各1本ずつ用意できるとベストだ。

スピニングタックルとベイトタックル

スピニングリールを組み合わせるスピニングタックル（下2本）と、両軸リール（ベイトキャスティングリール）を組み合わせるベイトタックル（上2本）。一般的に後者のほうが重いルアーを操作するのに向いている。全長は6～7フィート（1.8～2.1m）が標準的。

使用するライン

PE0.6～1号ラインに、フロロカーボン製4～5号の先イトを70㎝～1.5m接続するのが標準。

両軸リールのタイプ

ライトジギング用と銘打った両軸リール（左）がおすすめだが、塩水対応ならどんなものでも使える。

竿の強さ

竿の胴の部分に、適合するルアーの重量が記載。釣具店の店員などに適合するルアーを聞こう。

両軸リールの基本的な使い方

クラッチのオンオフでミチイトを出したり止めたりできるのが両軸リールの特徴。メタルジグなどを落とし込む最中のアタリも感じ取れるよう、イト巻き部分を軽く押さえながら落とし込もう。

❶クラッチを切る

竿先を海面に向けて竿を構える。親指でクラッチノブを下に押してクラッチを切るとラインが出る。

❷ルアーを落とす

リールのイト巻き部分を親指で軽く触れた状態で、メタルジグなどを落とし込む。

❸ハンドルを巻く

ハンドルを回すと、クラッチが入り、ラインを巻き取ることができるようになる。

ライトジギングのルアーを選ぶ

ライトジギングの主役は、その名の由来である「メタルジグ」。岸釣りで使うメタルジグと同じものが使えるが、より重いものも用意しておきたい。タイラバもビギナーが使いやすいルアー。

タイラバ

主にマダイを釣るためのものだが、ライトジギングにもおすすめ。竿でアクションを付けることはしないので、同じ竿でも比較的重めの40 ～ 80gが使える。

メタルジグ

狙う水深が20mなら20gのメタルジグ、というように、水深と同じ数値の重さを選ぶのが目安。ライトジギングでは20 ～ 40gのものを用意しておこう。

カラーを選ぶ

カラーは多彩。エサの小魚に似た色（事前に船宿に確認）と、派手な色の2系統は用意しておこう。

メタルジグの形状

上から、重心が前寄り、中央、後ろよりのタイプ。ビギナーは中央重心のものから使ってみよう。

メタルジグのフックを変える

メタルジグは、テイル（後端）にトレブルフック（3本バリ）が付いているものが多いが、フロント（前端）にアシストフックと呼ばれるフックを付けたほうが、ハリ掛かりがよくなるケースがある。

❶使用するフック

アシストフック（下）は、メタルジグのサイズに合わせる。20g前後のものにはSサイズが標準。

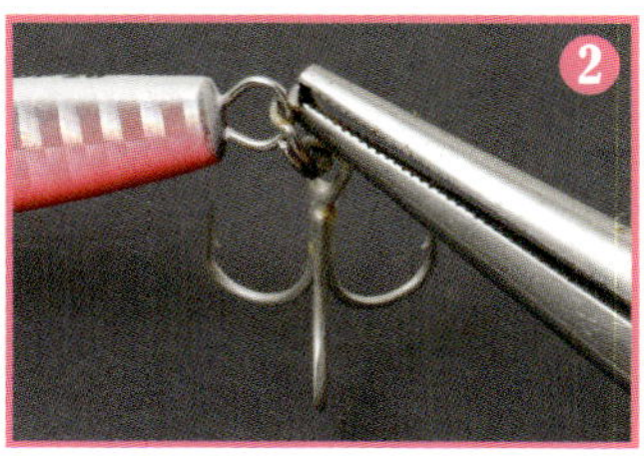

❷トレブルフックを外す

フックとメタルジグは、スプリットリングで接続されている。プライヤーでこれを開いて外す。

❸アシストフックを付ける

スプリットリングでアシストフックを前に付ける。トレブルフックを付けたままにする方法もある。

LINK 海釣りに必要な道具（➡ P.20）、両軸リールの使い方（➡ P.79）、ライン選びの基準（➡ P.101）、主なルアーの特徴（➡ P.103）

ライトジギングの基本テクニック

メタルジグやタイラバは、沈めて巻き上げるのが基本。メタルジグは竿をしゃくり上げながら巻き上げることでアクションをくわえると、なおいい。ルアーが沈下する際のアタリにも注目しよう。

メタルジグ
一定速度で
巻き上げる
しゃくり上げて
動きに変化を出すと
より効果的
タイラバ
底まで沈めたら
一定速度で
巻き上げる

メタルジグやタイラバを落として巻き上げる

メタルジグは竿をしゃくりながら巻き上げるといい。しゃくり上げる幅やリズムは状況次第なので、いろいろ試してみよう。一方のタイラバは、いったん底まで沈めて、一定の速度で巻き上げるだけでいい。

なお、落とし込む最中のアタリを感知するために、**両軸リールでは、イト巻き部分に親指を軽く当てておくこと**。変化があったらすぐにクラッチを戻してあわせを入れよう。

落とし込む最中のアタリをとる

スピニングリールではイト巻き部分を手で軽く触れておくと、ラインの出方の変化を感じ取りやすい。

タダ巻きで誘う

タイラバはもちろん、メタルジグもラインを巻くだけで釣れることは多い。スピードをいろいろ試そう。

竿をしゃくり上げる

竿先を上下に動かしながらラインを巻き取る。ときおり動きを止めることが効果的なこともある。

STEP UP

水面で誘うのも手！

水面で小魚が跳ねているのは、下から小型回遊魚などに襲われているのが原因であることが多い。こうした場面に出くわしたら、メタルジグの高速引きを試してみよう。メタルジグを投げて、着水したらすぐに素早くリールを巻く。魚が食いつく瞬間を目の当たりにできるぞ！

メタルジグを表層で高速引きするテクニックは、小魚を追い回している小型回遊魚狙いに有効。

覚えておきたいその他のテクニック

ライトジギングのテクニックは多彩。対象魚やフィールドによっては、特定の誘い方にしか反応しないこともある。まずは下のふたつの方法を覚え、徐々に誘い方のバリエーションを増やそう。

表層を速いスピードで引くと
逃げ惑う小魚を演出できる
いったん海底まで沈め
しゃくり上げるように引く

メタルジグを投げて広く探る

船の下に沈めるよりも、より広い範囲を探ることができる。中層を泳ぐ魚だけでなく、海底を広く探るのにも有効。ただし、隣の釣り人とオマツリしないように注意しよう。

10 ～ 50㎝ほどメタルジグなどを
上下させて誘う
根掛かりが少ない砂地底

引いてみるのも手

海底を中心に探る

底物・根魚狙いでは、メタルジグやタイラバで海底をトントンと小突くように誘うのが基本。反応がなければ、誘い上げる幅や、小突くリズムを変えてみよう。ただし、根まわりでは根掛かりに注意。

西野's ADVICE

釣れないときはルアーを変えてみる

まわりの釣り人が釣れているのに、自分だけ釣れないということはよくある。まず第一に探っているタナ（水深）が合っているかを確認しよう。つぎに巻き上げるスピードやしゃくり方を変えてみる。それでもダメなら、メタルジグを変えるのが手。ビギナーは、釣れている人を参考にしてみよう。

サイズ（重さ）、形状、カラーといった要素を変えることで釣れ具合がよくなることは多い。いろんなタイプのメタルジグがあったほうが、釣れる可能性が高まる。

LINK 根掛かり、オマツリの対処法（➡ P.72）

COLUMN 04

夜釣りの楽しみ方

魚のなかには、日中は障害物の影や深い場所に隠れ、あたりが暗くなると行動範囲を広げる種がいる。たとえば、ルアー釣りの主な対象魚であるスズキやメバルなどは、その代表格。こうした魚を釣るには、当然、夜釣りが有利になる。

だが、夜釣りには危険も多い。周囲がよく見えなくなるので、たとえ足場のよい堤防であっても、つまづいて転んだり、危険な魚が釣れたのがよくわからずに触ってしまったりといった事故が起こりえる。

こうしたトラブルを未然に防ぎ、夜釣りを楽しむためには、まず明るいうちに釣り場に訪れ、周囲の状況をよく確認しておくことが第一。常夜灯などの近くであれば、安全性を確保しやすいし、そもそも常夜灯まわりは夜釣りの好ポイントでもある。

つぎに、ライト類をいくつか用意すること。ライト類は、両手が自由になる、頭に装着するタイプのヘッドランプが必須。それに加えて、コンパクトなハンドライトを予備として用意しておこう。1カ所の釣り座でじっくり釣る場合は、周囲を広く照らすランタンタイプのライトもあるといい。

PART 5

ボート釣り入門

岸釣りでは届かないポイントを探ることで、釣果(ちょうか)が得やすいのがボート釣りの魅力。ポイントを探す難しさはあるが、小さなボートに乗って海に漕ぎ出すのは、それだけでも楽しい。

波穏やかな海に レンタルボートで漕ぎ出そう！

ボート釣りの好フィールドの多くには、レンタルボート店がある。自分でボートを用意できればフィールドは広がるが、まずはこれを利用するのが一番。ボート釣りの基礎もスタッフが教えてくれる。

ボート釣りのフィールド

手漕ぎボートの最大の敵は、風と波。ビギナーには、それらの影響を受けにくい内湾のフィールドがおすすめ。外海に面したフィールドは魚種の多彩さが魅力。

▶内湾のフィールド

湾口が狭く、奥が広くなっている内湾は、風や波の影響が及びづらく、水面が穏やかなときが多い。外海と比べると潮の通りが悪く、回遊魚などが入り込むことが少ない傾向にあるが、水深が深ければさまざまな魚が狙える。

◀外海に面したフィールド

内湾に比べて潮の動きがよく、アジやイワシはもちろん、小型回遊魚も望める。ただし、波や風の影響を受けやすいので、天候・風向きをよく確認する必要がある。

フィールドを選び レンタルボートを活用

ボート釣りの世界には、手漕ぎ・動力船に関わらず、マイボートの釣りもあるが、ビギナーにおすすめするのはレンタルボートの釣り。使われるボートは手漕ぎの2人乗りが一般的で、これに1～2人で乗り込んで釣りをする。

手漕ぎボートでは、沖の遠くまで行くことはできず、岸から500m程度が守備範囲。だが、岸釣りよりも探れるポイントの幅が圧倒的に広くなり、沖を泳ぐ魚と出会うチャンスは船釣り並みに高い。小さなボートで大漁を味わえることが、ボート釣りの醍醐味といえる。

ボート釣りの主な対象魚

岸釣りはもちろん、船釣りで釣れる魚のほとんどがボート釣りの対象魚になるが、人気が高いのはシロギスとアジ。多くの魚が浅場に入り込む初夏以降が、入門のベストシーズンといえる。

アジ

湾内の浅場に群れが集まってくる夏以降がベストシーズン。とくに根が点在する場所が狙い目になる。

ハゼ

河口付近の汽水域（淡水と海水が交じり合うところ）でよく釣れる。シロギス釣りと同じ仕掛けが使える。

シロギス

砂地底で釣れる、ボート釣りの人気対象魚。初夏から初秋にかけては、岸近くでもよく釣れる。

レンタルボート利用のシステム

レンタルボートの料金は、一日おおよそ4,000円が目安。利用にあたっては、事前に電話やメール、FAXでの予約が必要なところが多い。必ず予約時に詳しい説明を聞いておこう。

レンタル品

仕掛けやエサの販売のほか、釣り竿・釣り道具やライフベストをレンタルできるボート店もある。

現地で受付

営業時間を確認し、早めに現地で受付。受付票に名前・住所・携帯電話番号を記入するのが一般的。

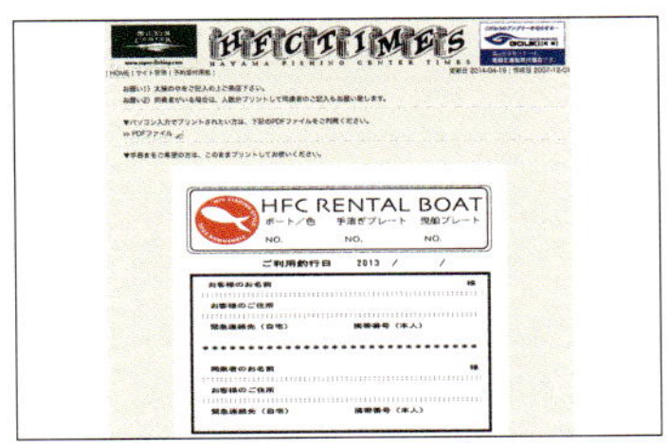

事前に予約

写真はホームページ上の予約票。釣果情報や基本的なノウハウも掲載しているところが多い。

STEP UP

エンジン船のレンタルもある

エンジン船のレンタルを行うボート店も、数は少ないながら存在する。利用には船舶免許の提示が必要なのはいうまでもないが、手漕ぎボートより沖に出られ、機動力も高いので、さらなる釣果が望めるのが大きな魅力。

エンジン船は、4～5人が乗れるものが多いので、仲間といっしょに楽しめるのも利点。

LINK 海釣りの主な対象魚とシーズン（➡ P.19）

ボート釣りに必要な道具

タックルはシンプルに。岸釣りの道具も流用可能！

専用タックルがベストだが、船釣りよりも軽い仕掛けが多用されるので、岸釣り用のルアー竿でも対応できる。その他の装備は、ボート内のスペースをとりすぎないよう、コンパクトにまとめよう。

2タイプのタックルで対応できる

大型魚を専門に狙うのでなければ、下記のようなライトなタックルがあれば対応できる。ビギナーはスピニングタックルだけではじめてみるといい。

▲スピニングタックルと両軸タックル

スピニングタックル（下）は、テンビン五目に適する。写真は、穂先が軟らかく、魚の食い込みがいいシロギス釣り専用竿。両軸タックル（上）はサビキ五目や、釣れた小魚をエサにして大物を狙うときに多用される。

◀汎用性の高いボートロッド

写真の振り出し式ボートロッド（コンパクトロッド）や、ブラックバス用のルアー竿でも対応可能。全長1.8m程度のものが扱いやすい。

岸釣り用のタックルで手軽にはじめる

ボート釣りでは、船釣り用はもちろんのこと、岸釣り用のタックルも使うことができる。狭いボート上のスペースでも扱いやすい、全長1.8m程度のものを選ぼう。仕掛け（オモリ）はそれほど重くないので、ボートロッドならオモリ負荷10号、ブラックバス用のルアー竿ならミディアムライトアクションが目安。これらで、本書で解説する「テンビン五目」「サビキ五目」のいずれにも対応できる。

汎用竿に物足りなくなったら、専用竿を手に入れよう。とくにシロギス狙いでは、敏感な専用竿が有利。

ボート釣りに必要な道具

複数の竿を使う場合は、竿掛けがあると便利。玉網（たまあみ）などはレンタルボート店で借りられることもある。ほかに寄せエサを入れるバケツやエサ箱も用意しよう。タオルも多めに用意するといい。

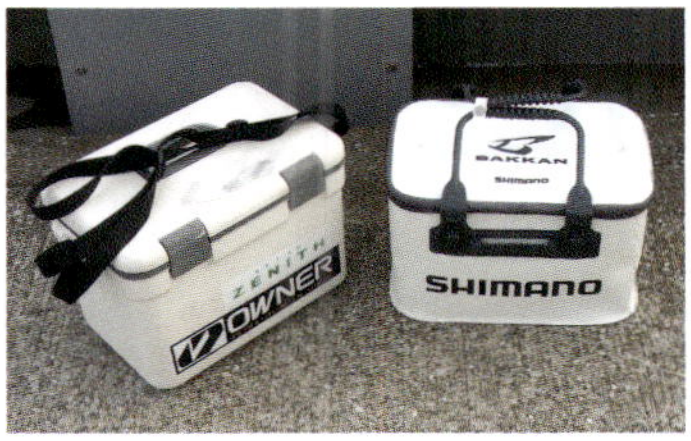

クーラーボックスなど

クーラーボックス（左）は容量20ℓ以内のものが標準。仕掛けや小物はタックルバッグ（右）にまとめる。

玉網（たまあみ）

ボート釣りでは思わぬ大物が釣れることがある。枠径40㎝程度の玉網を用意しよう。柄は短くていい。

竿掛け、尻手（しって）ロープ

仕掛けを投入してアタリを待つ釣りでは必須。尻手ロープは、竿が海中に落下して紛失するのを防ぐ。

ボート釣りの装備

ボートの上は陽射しを遮るものがないので、暑い時期でも長袖・長ズボンを着用したほうがいい。天候の急変に備え、雨具は必ず用意しよう。秋から春にかけては防寒具も持っていくこと。

長靴

ボートの乗り降りの際に濡れるので、長靴を履く。水温が高い時期はマリンシューズなどでもいい。

ライフベスト

ボート店で借りられるが、体にフィットするものを自分で用意したい。写真は膨張式のもの。

帽子

夏は熱中症防止、寒い時期は防寒のために帽子が必須。陽射しが強いときは偏光グラスも用意しよう。

STEP UP

魚探（ぎょたん）を活用して釣果倍増！

魚探（魚群探知機）とは、その名の通り、海中の魚の群れを表示する器械。同時に、水深や地形変化、底質（砂底か岩底かなど）も読み取れる。魚探を見ながらボートを進め、カケアガリや根などの好ポイントを探すことができる。

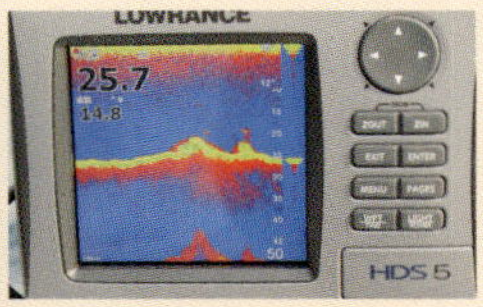

魚探は魚群のほか、海底地形の変化を表示する（上）。電池式のポータブル魚探（左）もある。

LINK 海釣りに必要な道具（➡P.20）、釣り道具の基本的な扱い方（➡P.22）、両軸リールの使い方（➡P.79）

ボート釣りの基本テクニック

ラクに漕ぐことを覚えて 安全・スムーズにポイント移動！

ボート釣りでは、釣り以外に、ボートを操船するというテクニックが必要になる。漕ぐこと自体は、慣れれば誰でもできるようになるが、海上のルールやマナーを守って移動することを心がけよう。

出船の準備

レンタルボート店で、釣りのポイントだけでなく、動力船が行き来する航路や漁業者の定置網など、近づいてはいけない場所も確認しておくことが大切。

▶ボートに荷物を積み込む

手漕ぎボートの限られたスペースを有効に利用するため、荷物はコンパクトにまとめておく。釣りをする際に頻繁に取り出すものは、手の届く場所に配置しよう。釣れた魚を一時的に入れるスカリは、ポイントに着いたら水中に投入。

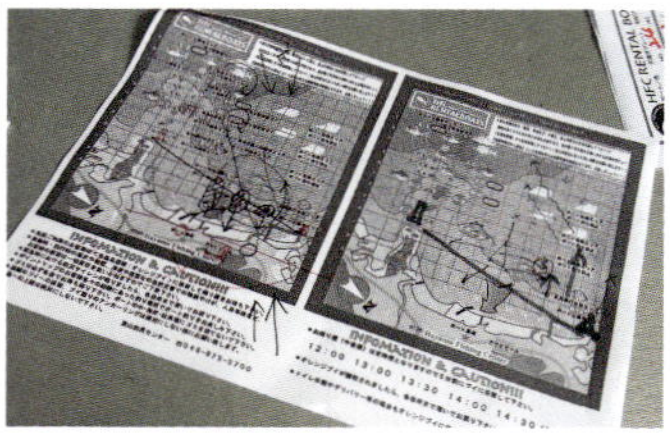

◀ポイントはしっかり聞いておく

とくにはじめてのフィールドでは、釣れる場所や立ち入らないほうがいい場所などを聞いておく。写真のような詳細なポイント図を用意しているボート店もある。

安全を確認しながらボートを操船しよう！

手漕ぎボートは、はじめての人でもすぐに漕げるようになる。力を入れすぎず、五分程度の力で漕ごう。

漕ぐ人にとっては後ろに進むことになるので、ときおり進行方向を見て、障害物やほかのボートがないか確認しよう。同乗者に確認を頼むのも手だが、事故などが起きたときのすべての責任は船長、すなわち漕ぐ人にあることを覚えておきたい。

釣りをするうえでは、広い海の上で、自分がどこにいるのか把握することが大切。釣れた場所を覚えておけば、連続して釣れるようになる。

出船・着岸時の注意

一番のトラブルである落水は、ボートに乗り込むとき・降りるときに起こりやすい。多くのレンタルボート店では、スタッフが手助けをしてくれるので、指示に従って出船・着岸しよう。

スタッフの指示に従って上陸

上陸する手順はスタッフに従う。なお、波があるときは舳先を沖に向けてゆっくり後進するのが基本。

姿勢を低くして乗り降り

ボートに乗り込む際にバランスを崩しやすい。姿勢を低くして乗り込もう。降りるときも同様。

竿先はボートの内側に入れる

竿先がボートの外に出ていると、手伝ってくれるスタッフの邪魔になることがある。竿先はボート内に。

漕ぎ方の基本

力いっぱい漕ごうとすると、かえって効率が悪くなる。最大で八分目、普段は五分程度の力で漕ぐといい。オールの水かき部分をしっかり水に入れて、ゆっくりと動かすことも大事。

ボートを回転させる

曲がりたいほうと反対側のオールだけで漕ぐ。オールはゆっくり動かしたほうがロスが少ない。

体全体で漕ぐ

腕だけでオールを引こうとせず、上半身を使うとラク。同乗者に進行方向の確認をしてもらうといい。

CHECK!

曳き船システムの有無を確認

ポイントまで動力船で曳航してくれるのが「曳き船」と呼ばれるシステム。最近では無料でこのサービスを受けられるところも多い。ポイントに着いてからの小移動は自分で行い、帰りたくなったら携帯電話で連絡すれば迎えにきてもらえる。

ポイントが遠いときは、曳き船システムを利用したほうがラク。お昼休憩のために迎えにきてくれるレンタルボート店もある。

LINK 海釣りに必要な道具（➡ P.20）、釣り道具の基本的な扱い方（➡ P.22）、両軸リールの使い方（➡ P.79）

海上での注意点

海上には、手漕ぎボート以外の船舶も行き来している。ほかの船舶との衝突は絶対に避けよう。そのためには、つねに周囲の状況を把握することが大切。障害物にも注意すること。

動力船に注意

動力船には近づかないのが一番。航路があるフィールドでは、原則として、そこに入らないこと。

ほかのボートに近づきすぎない

ボートを進めているとき、別の進んでいるボートが近づいたら、相手の動きをよく確認して避けよう。

姿勢を低く保つ

ボートの上で立ち上がるとバランスを崩しやすい。ボート上での移動は、姿勢を低くした状態で行う。

天候をまめにチェック

天気図や天気予報は洋上でもチェック。スマートフォンなどはジッパー付き密閉袋に入れておこう。

漁業施設に近づかない

定置網やノリ棚などの漁業施設に仕掛けやアンカーロープを引っ掛けないよう注意すること。

消波ブロックに近づかない

消波ブロックまわりは釣りのポイントでもあるが、近づきすぎると接触する危険性が高くなる。

アンカーを入れる

アンカーを入れず、ボートを自然に流しながら釣る方法もあるが、潮の流れの速さや向きを読む難しさがある。ビギナーはアンカリング（アンカーを入れること）して釣りをしたほうが安全。

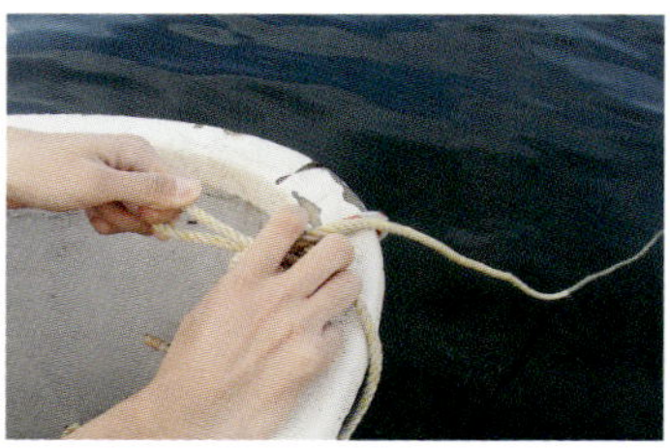

アンカーロープの処理

アンカーロープが長すぎてもトラブルの元。余ったロープを二重にして、一重結びなどで仮固定しよう。

投入・回収時の注意

姿勢を低くして、舳先付近から静かに投入。投入・回収いずれの場合も、ロープを手に巻き付けないこと。

使用するアンカー

海底が砂地か岩礁かによって、使われるアンカーは異なる。レンタルボート店で用意するものを使う。

アンカリングの基本

アンカーが着底したあと、ボートが風や潮(しお)に流されることで、アンカーロープは水中で斜めになる。この角度が直角に近いと、アンカーの効きが悪くなる。底質によって角度を調整するといい。

アンカーロープを
長くするほど
角度が浅くなる
岩礁帯(がんしょうたい)では35～
40度くらいにする

ロープの角度に注意

砂地底ではアンカーが滑りやすいので、アンカーロープが30度くらいの角度になるよう、ロープの長さを調整する。岩礁では、角度が浅いとアンカーが利きすぎて外れなくなることもあるので、35～40度にするのが基本。

自分のボートの位置を知る

ボート釣りの醍醐味(だいごみ)は自分だけのポイントをもつこと。そのためには、釣れた場所を正確に把握することが大切。現在地を把握すれば、ボートが流されている方向やスピードもわかりやすくなる。

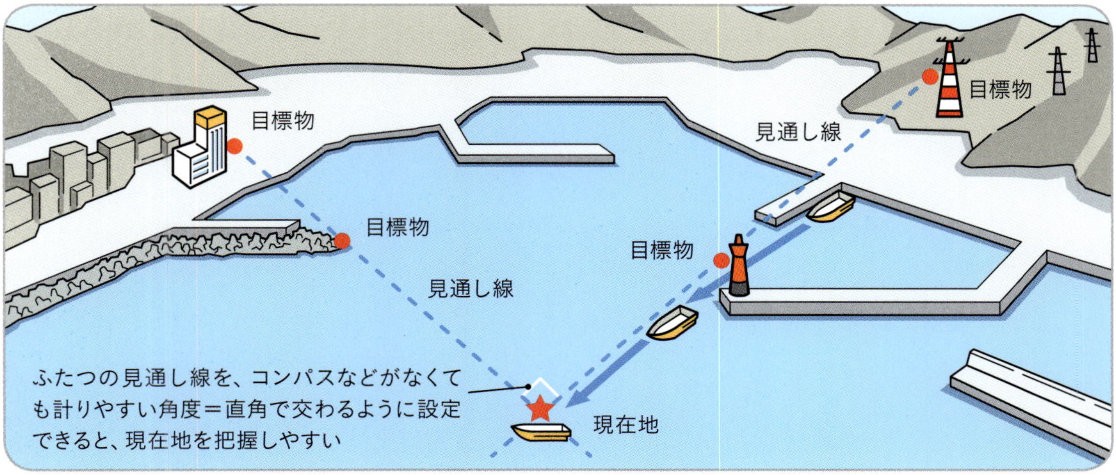

目標物
目標物
見通し線
目標物
目標物
見通し線
ふたつの見通し線を、コンパスなどがなくても計りやすい角度＝直角で交わるように設定できると、現在地を把握しやすい
現在地

「山立て」の一例

現在地から遠くの目標物（鉄塔や山頂など）を見て、その線上にある手前の目標物（堤防の角や灯台など）を決める。これを2方向で行えば、ふたつの線（見通し線）の交点が現在地ということになる。自分の位置を把握するこのテクニックを「山立て」と呼ぶ。

ハンディGPSも便利

ハンディタイプのGPSやスマートフォンで現在地を記録するのも手。とくにハンディタイプのGPSは、ボートが移動する方向やスピードもわかるので、ボートを流しながら釣りをする際にも有効。

「テンビン五目」の釣り方

釣り方はチョイ投げ釣り同様。大型シロギスを狙おう！

テンビン仕掛けを使って、主に砂地底にいるシロギスやイシモチ、カレイなどを狙う「テンビン五目」。釣り方はチョイ投げと同様だが、遠投しなくても釣果が期待できるので、より簡単に楽しめる。

テンビン五目のタックルと仕掛け

シロギス狙いなら専用竿がベストだが、オモリ負荷10号程度のボートロッドやルアー竿でも楽しめる。浅場の釣りでは、オモリは15号程度まであればよい。

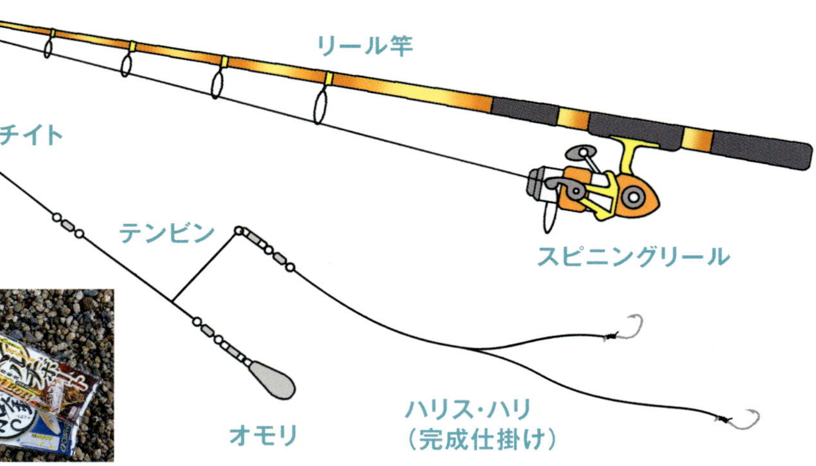

ボート釣り用の完成仕掛けがおすすめ。

ビギナーにおすすめの基本となる釣法

テンビン五目の釣り方は、「チョイ投げ釣り」や、船釣りの「シロギス五目」と基本的には同じ。仕掛けを投げ、オモリが着底したら、竿やリールを操作してゆっくり仕掛けを手前に引いてくる。

潮の流れがあるときは、アンカーを入れずに仕掛けを船下に落とし、ボートの動きを利用して仕掛けを引くのも手。ただし、潮の流れがないときや、逆に速すぎるときは釣りづらい。

オモリは水深と同じ重さ（水深10ｍ＝10号）が目安だが、ビギナーは重めのものを使うと着底がわかりやすい。

テンビン五目の対象魚

初夏から秋にかけてはシロギスのベストシーズン。エリアによってはイシモチもよく釣れる。秋以降はカレイが狙い目。ほかに砂地底にいるホウボウやイトヨリダイ、マダイなども釣れる。

その他の魚

秋以降に有望なカレイも、同じ仕掛けで釣れる。2～3本の竿を出して、置き竿でアタリを待つのも有効。

本命はシロギス

初夏以降に産卵のために浅場に入り込んでくるシロギスが一番の狙い目。水深10mより浅いタナで釣れる。

テンビン五目の釣り方の基本

座ったまますべてを行うということを除けば、釣り方は「チョイ投げ釣り」「シロギス五目」と同様。仕掛けを引くスピードをいろいろ試し、そのとき、その場所で有効なサビき方を探し出そう。

❶仕掛けの投入

釣り竿を振りかぶったら、ゆったりした動作で竿を前方に振って投入する。遠投しようとして力まないこと。

❷ミチイトの出を止める

仕掛けの着水直前にミチイトを押さえ、ミチイトの出具合を調整しながら、仕掛けを海底まで沈めていく。

❸竿先を動かしてサビく

着底したらミチイトのたるみをとる。竿先をゆっくり上に上げて引き、下げながらミチイトを巻き取る。

❹やりとりの方法

大きなアワセの動作は不要。アタリを感じたら竿先を斜め上方に上げ、そのままの角度を保ってやりとり。

LINK 釣り道具の基本的な扱い方（➡P.22）、チョイ投げ釣りの基本（➡P.54）、「シロギス五目」の釣り方（➡P.88）

5-5

「サビキ五目」の釣り方

おいしい魚が大漁！ 群れが着く場所を探そう

アジやイワシ、サバなどの回遊魚を釣る方法が「サビキ五目」。岸からの「サビキ釣り」と要領は同じだが、自分から積極的にポイントを探せるのが、ボート釣りの利点。いいサイズも望める。

サビキ五目のタックルと仕掛け

長いサビキ仕掛けと長い竿のほうが、探れるタナの幅が広がるが、ボート上での取り回しを考えると、短めの仕掛けと竿のほうが使いやすく、トラブルも少ない。

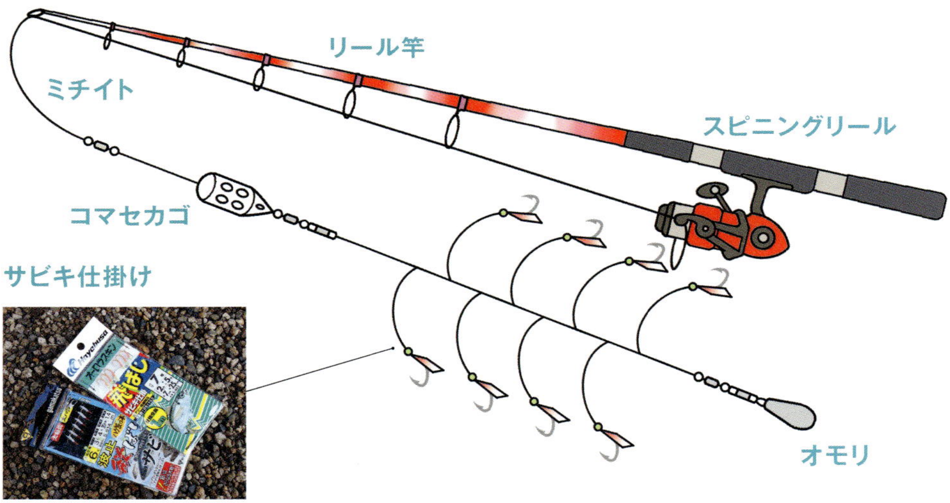

いいサイズのアジが望める

岸釣りよりもサイズのいい魚が望めるのが、沖で釣るメリット。7～10月が釣りやすい。

岸釣りより大型の魚が狙いやすい

「テンビン五目」と並ぶ、ボート釣りでのポピュラーな釣り方が「サビキ五目」。こちらはアジやイワシ、サバなどの、中層を泳ぐ魚が狙える。

釣り方自体は難しくないが、仕掛けの扱いに気をつかい、ボート上で仕掛け絡みなどを起こさないように注意。短い仕掛けを使うのも手だ。

釣れるポイントを探す

中層を泳ぎ回るアジやイワシ、サバは、海底付近を泳ぐ魚よりも居場所を特定するのが難しい。根などのまわりは、回遊している魚が足を止めることが多いので、必ずチェックしよう。

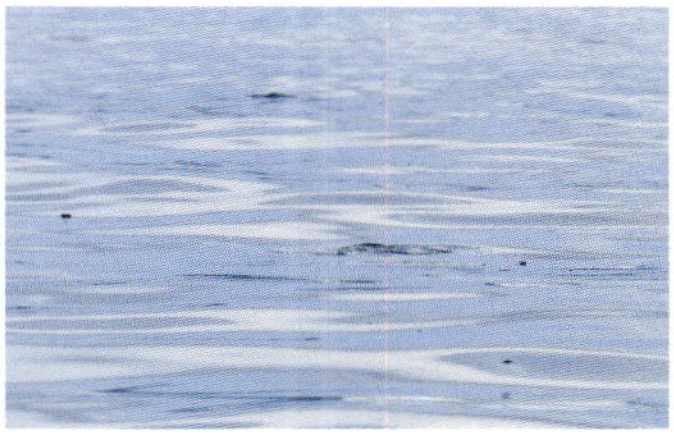

水面の様子を観察する

水面で小魚を捕食している様子が見られたら、その周辺で釣ってみよう。

岩礁のまわり

岩礁帯の周囲は、根が点在していることが多い。海面下に隠れた岩礁に乗り上げないよう近づきすぎに注意。

サビキ五目の釣り方の基本

仕掛けのセットや寄せエサの使い方などは、堤防からのサビキ釣りと変わらない。仕掛けを潮上（潮の流れの上流側＝舳先側）に入れ、潮の流れに合わせて釣り竿を操作する方法も有効だ。

仕掛けをタナまで到達させたら、竿を上下に振って寄せエサを拡散させ、そこに仕掛けを同調させるのが基本

寄せエサと仕掛けを同調させる

錨（アンカー）を降ろしたら、寄せエサを水面に少しまき、寄せエサが流れる方向やスピードを確認。その様子を頭に入れておくと、振り出した寄せエサの煙幕の中に仕掛けを入れる作業が正確になる。

STEP UP

釣った魚をエサに大物狙い！

「テンビン五目」「サビキ五目」ともに、小型の魚が釣れたら、ハリに掛けて泳がせ、大物を狙うのも楽しい。サビキ五目では、太めの仕掛けを使い、小魚が食い付いた状態のまま仕掛けを海底付近に下ろすという方法もある。

イワシやアジをエサに小型回遊魚（左）が狙える。ハリは小魚の背（上）やアゴに掛ける。

LINK 釣り道具の基本的な扱い方（➡ P.22）、サビキ釣りの基本（➡ P.60）

COLUMN 05

釣り場での食事

釣りの楽しみのひとつに、青空の下でのランチタイムがある。持参したお弁当や買ってきたおにぎりなども、外で食べると、一段とおいしく感じられるもの。また、持ち寄ったものを仲間で分けるのも楽しみになる。火気の使用ができるところなら、小型のコンロなどでお湯を沸かし、みそ汁やスープ、お茶をつくるのもいいアイデア。

地元の食堂を利用するのもいい。漁港の近くなら、海の幸をふんだんに使った食事をいただける食堂も多い。魚は自分で釣れば手に入るとはいえ、漁でしか獲れないさまざまな魚も堪能できるのが食堂を利用する楽しみのひとつ。自分で釣った魚をおいしく料理するヒントもえられるだろう。

船釣りやボート釣りでは、洋上のランチが楽しめる。もちろん、火をおこして料理するのは無理だが、潮風を浴びながら海の上で食べるお弁当は、格別の味。ただし、唐揚げや天ぷらといった油っこい食べ物は、船酔いの原因になりやすいので、おにぎりなどがおすすめ。食欲がなくなる夏の暑い時期は、コンビニエンスストアで売られている日本そばやひやむぎもいい。

PART 6

釣った魚を食べよう

自分たちで釣った魚を料理して食べるのは、釣りの大きな楽しみのひとつ。せっかく釣った魚だから、ぜひとも基本的なさばき方と料理法を覚えて、おいしく食べられるようになろう。

6-1

魚の持ち帰り方とさばき方

鮮度が落ちないよう すばやく作業しよう！

釣った魚をおいしく食べるには、魚種に合った料理法も大切だが、それ以前に新鮮な状態で持ち帰り、鮮度を落とさず下ごしらえすることが重要。締め方と下ごしらえの方法を覚えよう。

魚を持ち帰るための道具

クーラーボックスのサイズは、釣れる魚の型や数を想定して選ぼう。アジやシロギスなどの小型〜中型の魚であれば容量は 16ℓ程度で十分。

▶氷をたくさん入れたクーラーボックス

たっぷりの氷がひたるくらいに海水を入れた「水氷」に釣れた魚を入れる。小型の魚なら、これですぐに絶命する。帰りは魚のみをビニール袋などに入れ、氷は残して海水を抜いておこう。

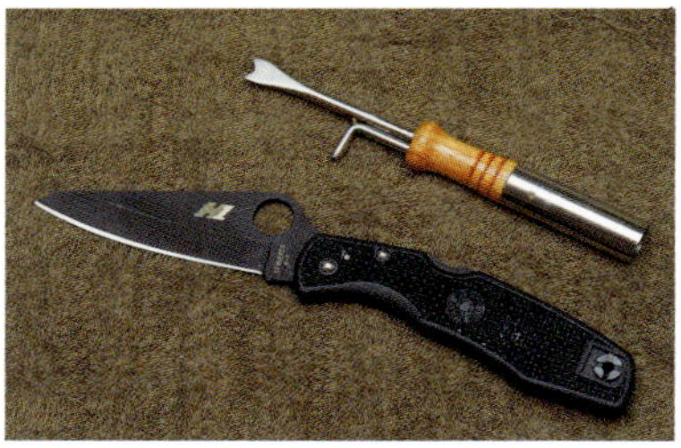

◀魚を締める道具

中型以上の魚を現場で締めるにはナイフ（下）が必要。アオリイカなどを締めるための専用具（上）は、両目の間に突き刺して使う。

すばやく締めるのが第一のポイント！

釣れた魚の鮮度を落とさないようにするには、できるだけ早く締める（絶命させる）ことが重要。バケツなどに活かしておくと、魚が暴れ、魚の身に含まれたうまみのもとになる成分が消費されてしまう。また、締めたあとは、魚の身の温度が上がらないように、氷を入れたクーラーボックスに入れて鮮度を保とう。

中型以上の魚は、水氷に入れてもすぐには絶命しないので、エラブタの上と尾ビレの付け根に切れ目を入れて血抜きしておこう。締めたあとに、腐敗しやすいエラや内臓を取り除いておくと完璧だ。

釣った魚を釣り場で締める

釣り場で血を抜いたり、腐敗しやすいエラや内臓を取り去ったりしておけば、より新鮮な状態で持ち帰ることが可能。家に帰ってからの下ごしらえも、格段に楽になる。

手で締める

エラブタから指を突っ込み、親指と人差し指でエラをつまんで引っ張り出す。

エラをむしり取った状態。海水で血を洗い流したら、ビニール袋などに入れてクーラーボックスへ。

ナイフを使って血抜きする

写真のようにエラの後ろにナイフを入れて血を抜く。エラブタにトゲなどがある魚の場合は、手を傷つけないように注意。

尾ビレの付け根にナイフを入れる。海水を張ったバケツなどに入れておくと、早く血が抜ける。

下ごしらえの準備

自宅で下ごしらえする際は、魚が傷まないよう、また、素早く作業ができるようにしっかり準備をしておこう。魚種にもよるが、下ごしらえして冷蔵庫などに保管すれば、数日間は鮮度が保てる。

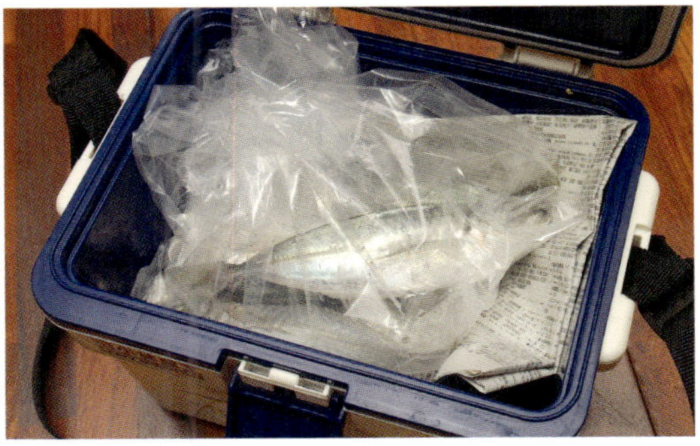

持ち帰った魚の扱い

クーラーボックスに入れたまま長時間たつと、氷が溶けて塩分濃度が下がり、浸透圧の影響で魚の身が水分を含んでしまう。ビニール袋などに入れ、氷に直接、魚が当たらないよう、新聞紙などを敷いておこう。

下ごしらえに必要な道具

まな板は大きめのほうが作業しやすい。包丁は文化包丁でもよいが、中型以上の魚をさばくには出刃包丁や柳刃包丁がほしい。ウロコはウロコ落としのほか、魚種によってはステンレスタワシでこすり落とせる。

LINK 海釣りに必要な道具（➡P.20）

下ごしらえの方法

ウロコを落とし、エラと内臓を取り除くことが下ごしらえの作業。ウロコ落としは、小型の魚であれば、水を張ったボウルの中などで作業することで、ウロコが飛び散るのを防ぐことができる。

内臓を取る

腹ビレをつまみ、腹の肛門からエラの下端に向かって包丁を入れる。腹ビレの間は硬いので、十分に注意して作業しよう。

流水をかけながら内臓を取り出す。血ワタ（背骨の下に付いた赤い部分）もきれいに取り除こう。

ウロコを落とす

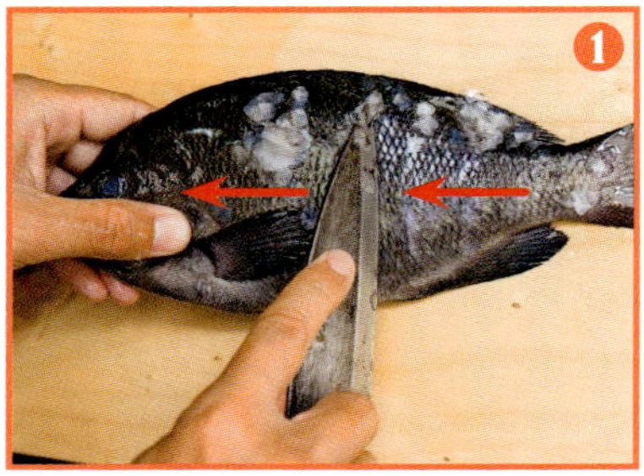

頭を押さえ、胴から頭へ、尾から胴へと、ウロコを逆なでするように包丁（もしくはウロコ落とし）を動かす。

細かい部分のウロコは、刃先を少し立てて落とす。最後に水洗いして終了。

西野's ADVICE

ウロコ落としがあると便利！

ウロコの硬い魚は、専用のウロコ落としでウロコを落とすと作業がラク。ウロコが飛び散らない工夫がなされたウロコ落としもある。使い方は包丁を使う場合と同様で、ウロコを逆なでするように動かせばよい。包丁を使うより安全なのもメリットといえる。

エラを取り除く

エラの付け根をキッチンバサミなどでカットする。エラの上下を切っておこう。

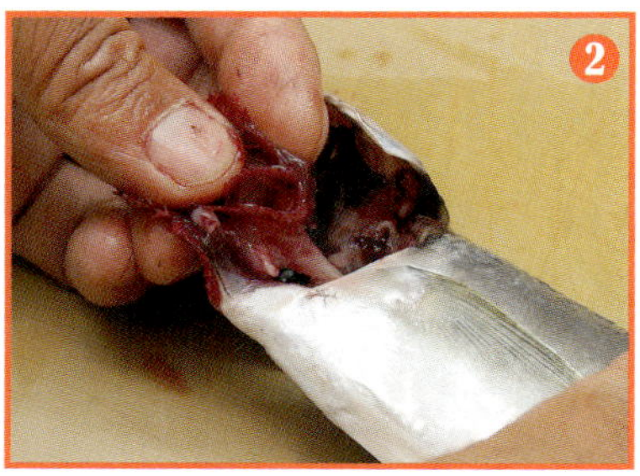

カットしたら、指かプライヤー（先の細いペンチ）でエラを引っ張り出す。

魚のさばき方

下ごしらえした魚をそのまま調理する方法もあるが、とくに中型以上の魚では、左右の身を切り分ける「三枚おろし」にしたほうが料理の幅が広がる。ぜひともさばき方を覚えよう。

基本的なさばき方（三枚おろし）の手順

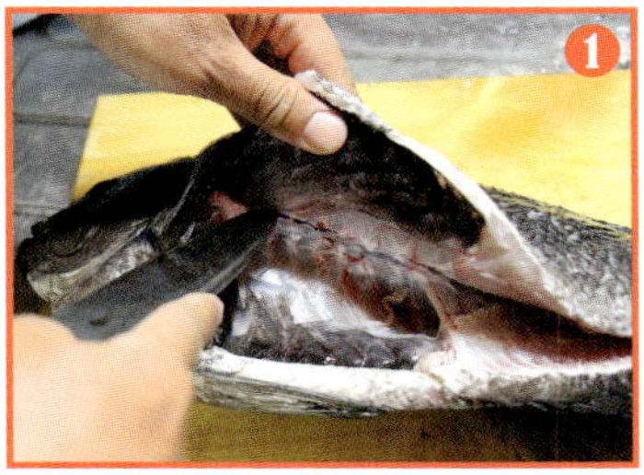

尾から尻ビレのきわの皮に切れ目を入れ、身を開く。次に写真のように腹を手で開き、中骨の上に包丁を入れ、腹骨の付け根を断つ。

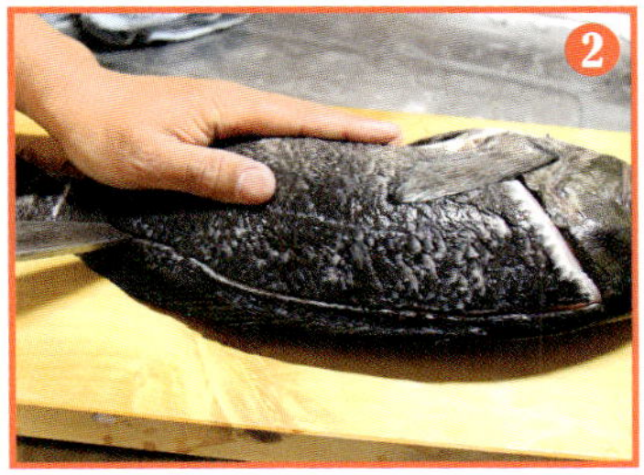

魚の背を手前にして置き、頭側から尾側に向かって、包丁の刃先を2cmほど入れ、小刻みに動かして背ビレのきわに切り込みを入れる。

片手で身をめくるように持ち上げつつ、包丁を切れ目から差し入れて開いていく。無理に一度で切ろうとせず、何度かに分けて行う。

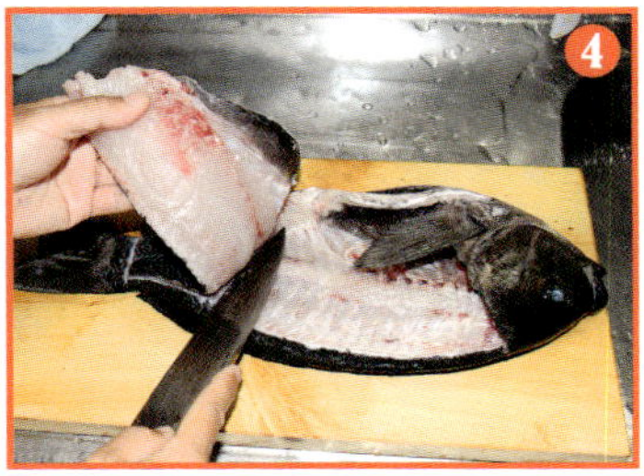

背骨の上に包丁を入れて、身をめくっていく。これで半身がとれたことになり、この状態は「二枚おろし」と呼ばれる。

魚を裏返して、反対側の身も同様に切り分ける。背側に切れ目を入れる際、ここでは尾から頭に向かって包丁を動かすことになる。

両側の身と、中骨が付いた身の「三枚」におろした状態。中骨が付いた身は、アラ汁などの具に使うと、おいしくいただける。

2枚の身から腹骨をすき取る。包丁を斜めに寝かせて、腹骨のすぐ下に入れ、すくように引くのがコツ。腹骨のまわりもアラとして食べられる。

皮を下にして置き、血合い骨の位置を確かめて、その上下で切り分ける。骨抜きを使って血合い骨を抜くという方法もある。

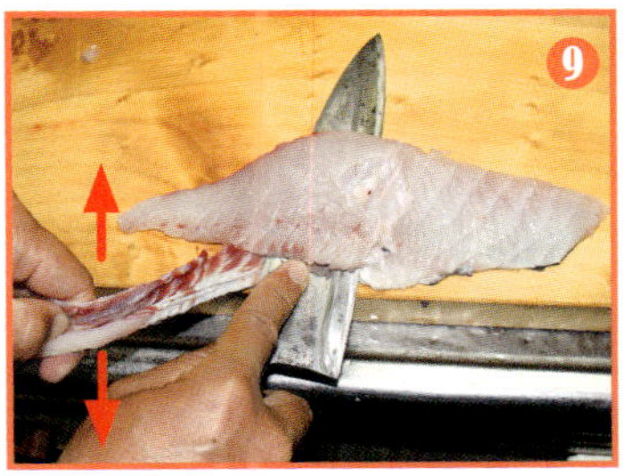

皮をひく場合は、尾側に包丁を入れてまな板と平行にした状態で固定し、皮を前後に引っ張ってはぐ。包丁を動かして切らないのがコツ。

LINK プライヤー（➡P.21）

メジナの刺身

造りのほか、コブ締め(しめ)や湯引きもおすすめ。
三枚におろしたあと、ひと晩ほど寝かせておくと、うまみが増す。

この魚でもOK!
スズキ、ヒラメ、イワシ、アジ、カワハギ、シロギス、カサゴ、イカ類

材料（2人分）

メジナ	1/2～2尾
大根	5㎝くらい
大葉など	好みで
日本酒	少々
昆布	1/2枚程度

ONE POINT バリエーションを楽しもう

カワハギは肝和えがおすすめ。肝をさっと湯がいて細かくたたき、しょうゆを加えて身を和える。

つくり方

（下準備）
- メジナはウロコ、エラ、内臓を取り除いたうえで、三枚におろして腹骨をすき取る。
- 血合い骨を取り除き、湯引きにするぶんは皮をそのまま、残りは皮をひいておく。
- 大根や白髪ネギ、大葉などのつまを用意しておく。

1. 造りは身を薄くそぎ切りにする。
2. コブ締めは、そぎ切りした身を、日本酒をかけて軟らかくした昆布に挟んで冷蔵庫でひと晩寝かせておく。
3. 湯引きは、皮を上にして置き、熱湯をさっとかけて、皮が縮んだら氷水にくぐらせ、水気をよく拭いてから切る。
4. 皿に盛りつけてでき上がり。ワサビしょうゆのほか、酢味噌などとも相性がいい。

メバルの塩焼き

塩焼きは、その魚がもつおいしさをシンプルに味わえる。鮮度のよい魚は、塩を控えめにするのがコツ。

この魚でもOK!
アジ、カサゴ、シロギス、イシモチ、カレイ、カマス、ウミタナゴ、ベラ

材料（2人分）

メバル……2尾
塩（自然塩）……少々
日本酒……少々

ONE POINT 塩焼きに使う塩は自然塩がおすすめ！

海水からつくられた自然塩は、料理にコクとうまみをくわえてくれる。まろやかな味わいだ。

つくり方

（下準備）
- メバルはウロコとエラ、内臓を取り除く。腹を割くときは、盛りつけたときに下になる側の胸ビレの下あたりに切り込みを入れると見栄えがいい。
- 皮が焦げて破れないよう、飾り包丁を入れてもよい。そうすることで身の厚い部分にも火が通りやすくなる。
- 大型の魚の場合は、金串などを使って皮に穴を開けておくと、焼いたときに皮が部分的に膨れて焦げるのを防げる。

1. 冷蔵庫で1時間ほど寝かせておき、日本酒で軽く洗ってから塩を振る。この状態で30分ほど置いておくと、塩がメバルの身になじむ。塩が湿っているときは、電子レンジにかけたり、フライパンで軽く炒るなどしてサラサラにしておくと、塩振りがしやすい。
2. あらかじめよく熱しておいた焼き網にメバルを乗せ、強火の遠火でじっくり焼く。表側4に対して裏側6の割合で焼くと、皿に盛ったときに焦げ目が目立ちにくい。

スズキのムニエル

白身魚ならどんなものでも合う料理法。
淡泊な身はシンプルに、クセのある身には香草などを加えるといい。

この魚でもOK!
カワハギ、ヒラメ、イシモチ、カレイ、アイナメ、メジナ、ベラ

材料（2人分）

スズキ	1/4尾
塩こしょう	少々
小麦粉	少々
食用油	少々
バター	少々
しょうゆ	少々
イタリアンパセリ	適量

ONE POINT 香草を加えて香り豊かに

メジナやスズキなど、身に多少の臭いがある魚には、タイムやフェンネルなどがマッチする。

つくり方

（下準備）

- スズキはウロコ、エラ、内臓を取り除き、皮付きのまま三枚におろして腹骨をすき取る。
- 大型の魚の場合は切り身にする。魚は皮の内側にうまみが凝縮しているので、皮の硬いカワハギを除いて、皮ごと料理するのがおすすめ。
- 身に塩こしょうを振って下味を付け、30分ほど置いて味をなじませる。好みで、塩こしょうにガーリックパウダーなどを加えてみよう。

1. スズキの身の全面に小麦粉を薄くまぶし、油を熱したフライパンに入れて皮のある側から中火で焼く。片面が焼けてきたら、ひっくり返して反対側を焼く。皮を焼く際は、弱火からじっくり焼きはじめるとパリッと仕上がる。
2. 仕上げにバターを落として、全面がパリッとなるように焼く。
3. 焼き上がった身を皿に盛り、残った油にしょうゆを加えてソースにする。レモン汁を加えるのもおすすめ。イタリアンパセリを添える。

シロギスの天ぷら

身と衣を冷やしておくのが、上手に揚げるコツ。
体長30cmを越えるような魚は食べやすい大きさに切ってから揚げよう。

この魚でもOK!
イシモチ、メゴチ、マハゼ、サヨリ、カサゴ、アジ、ギンポ、イカ類

材料(2人分)

シロギス	6〜10尾
野菜	お好みで
卵	1個
小麦粉	250〜300cc
片栗粉	少々
冷水	250cc

ONE POINT 衣に米粉を使うのもアリ

衣は、小麦粉の代わりに米粉を使うと、衣に粘りがでないのでサックリと仕上がる。

つくり方

(下準備)

- シロギスは頭を落とし、三枚におろす要領で腹か背いずれかの皮をつなげたまま身を開き、中骨を取り除く。
- 下ごしらえがすんだら、そのほかの天ダネ(野菜など)とともに、冷蔵庫で1時間ほど寝かせ、冷やしておく。
- だし汁・日本酒・みりん・しょうゆを、4:1:1:1程度の割合で混ぜて煮立て、天つゆをつくる。好みで大根おろしやおろしショウガを添える。

1. 冷水と卵、小麦粉を混ぜて衣をつくる。卵と冷水を混ぜた中に、小麦粉をふるってから入れて、サッと混ぜる。さらに片栗粉少々を加えると、サックリと揚がる。あまり混ぜすぎないのがコツ。
2. 衣のなじみがよくなるよう、シロギスの身の全面に軽く小麦粉を振ってから、衣にくぐらせる。
3. 中温(170〜180℃)でさっと揚げる。途中で一度ひっくり返し、周囲の泡が小さくなるまで揚げる。油を切って皿に盛りつけ、でき上がり。

カレイの煮付け

白身魚をおいしくいただく定番料理。
イワシやサバといった青魚は、ショウガなどの香味野菜をたっぷりと。

この魚でもOK！
メバル、カサゴ、アイナメ、ベラ、ギンポ、ウミタナゴ、イワシ、サバ

材料（2人分）

カレイ	1～2尾
しょうゆ	3/4カップ
みりん	1カップ
日本酒	1カップ
菜花	適量
ショウガ	適量

ONE POINT 試してみたい煮付けのバリエーション

細かく切った梅干しの身を加えて、さわやかな味わいに。味噌を加えて煮付けるのもいい。

つくり方

（下準備）
- カレイはウロコをよく落とし、エラと内臓を取り除く。内臓を取る際は、盛りつけたときに下になる側に切れ目を入れるといい。大きめのカレイの場合は頭を落とし、鍋やフライパンに入るサイズに切る。
- よく水洗いして、キッチンペーパーなどで水気をしっかり拭き取っておく。
- 身の厚い部分にも火が通りやすいよう、×印に飾り包丁を入れておく。

1. 皮の色が少し変わる程度にお湯をかけ、ウロコの残りや臭みを取る。
2. 浅い鍋かフライパンでしょうゆ、みりん、日本酒を煮立ててからカレイを入れる。
3. アルミホイルの落としぶたをして、ときどき煮汁をかけながら10分ほど煮る。切って下ゆでした菜花を加えて、さらに3分ほど煮る。
4. 煮汁にツヤととろみがでてきたらでき上がり。子持ちカレイの場合、卵は火が通りにくいので、煮る時間を長め（15分ほど）にとろう。

アジのフライ

**魚種を選ばずおいしくいただけるのがフライのよさ。
ハーブやカレー粉などで下味をつけてバリエーションを楽しもう。**

この魚でもOK!
イワシ、サバ、スズキ、カワハギ、シロギス、イシモチ、イカ類

材料（2人分）

アジ……4～8尾
塩こしょう……少々
小麦粉……適量
卵……1個
パン粉……適量
付け合わせの野菜……好みで

ONE POINT ひと味違ったフライをつくろう

身に大葉をまいたり、パン粉に粉チーズを加えたり。カレー粉をまぶすのもアイデア。

つくり方

（下準備）
- アジは頭を落とし、開いて中骨を取る。大きめのものは包丁で腹骨をすき取っておく。
- パン粉は中目タイプでよいが、サクサク感を出したい場合は荒目、衣を薄くしたい場合は細目を選ぶ。また、乾燥パン粉は香ばしく、生パン粉は口当たりが軟らかくなる。
- ソースとレモンのほか、タルタルソースやケチャップ、マヨネーズなども好みで用意。

1. アジの身をバットなどにならべ、塩こしょうを振って下味をつける。ハーブ類などを加えるのもいい。下味をつけたら、しばらく置いて味をなじませる。
2. 身に付いた余分な水分をペーパータオルなどで拭き取る。小麦粉をはたき、溶き卵にくぐらせてからパン粉をまぶす。
3. 中温できつね色になるまで揚げる。揚がったらペーパータオルなどの上に置き、余分な油を落としてでき上がり。

カサゴの唐揚げ

**身離れがよくなって食べやすいのが唐揚げのいいところ。
カラリと上手に揚げればヒレや小骨も食べられる。**

この魚でもOK!
メバル、アイナメ、ムラソイ、サバ、カワハギ、ハゼ、シロギス、カレイ

材料（2人分）

カサゴ	2尾
塩こしょう	少々
片栗粉	適量
すだち	1個

ONE POINT 青魚には竜田揚げもおすすめ

竜田揚げとは、しょうゆとみりんに漬けた身に、片栗粉をまぶして揚げたもの。とくにサバなどの青魚は、身にクセがあるので、竜田揚げに向いている。

つくり方

（下準備）

- カサゴはウロコを落とし、内臓とエラを取り除く。
- 背ビレのきわに切れ込みを入れるといい。カサゴのほか、ムラソイやアイナメなど身の厚い魚も同様。そのほかの魚でも、身の厚い部分に火が通りやすいよう、皮に飾り包丁を入れておく。
- 片栗粉を使うとサクサク感が強くなるが、代わりに小麦粉を使うと、しっとりとした仕上がりになる。

1. 下ごしらえしたカサゴに、塩こしょうを振って下味をつける。しばらく冷蔵庫に入れて味をなじませる。
2. 余分な水分を拭き取って、片栗粉をまぶし、最初は低温でじっくりと、最後に油の温度を上げてパリッと揚げる。ひっくり返さず、お玉などで上から油をかけながら揚げたほうがきれいに仕上がる。
3. 7～8分ほど揚げたら、ペーパータオルなどの上に乗せて油を落とし、すだちを添えて盛りつける。

アジの干物

**素材のうまみを凝縮させ、保存性が高まる調理法。
新鮮なうちに加工することが、おいしい干物づくりのコツ。**

この魚でもOK!

イワシ、サバ、カマス、サヨリ、カレイ、カワハギ、カサゴ、シロギス

材料（2人分）

アジ……2〜4尾
塩（自然塩）……適量

ONE POINT みりん干しにも挑戦してみよう

塩水を使う代わりに、みりん・酒・しょうゆを2：1：1、それに大さじ2くらいの砂糖をよく混ぜたタレに漬け込み、干す前に白ごまを振ったものがみりん干し。アジやイワシ、サバなどの青魚によく合う調理法だ。

つくり方

（下準備）

- アジはウロコを落としてから頭まで開く。シロギスやサヨリ、カマスなどの細長い魚は、エラの後ろに包丁を入れて頭はそのまま残す「片袖開き」にして、内臓を取り除く。小型のものは内臓を取るだけで、開かなくてもいい。
- サバや大きなアジなど、大型の魚は三枚おろしにする。腹骨は付いたままのほうが、身が割れずに仕上がりがきれいになる。

1. 1ℓの水に30〜40gの塩を入れた塩水に5分ほど浸け、汚れが浮いてきたら塩水中でよく洗う。
2. 新しくつくった❶と同濃度の塩水に1時間ほど浸ける。時間は魚種やサイズによるので、身を少し切り取って火を通し、味見するといい。
3. 軽く水気を拭いてから、ザルや干し網に並べて、風通しのよいところで半日ほど干す。干物は冷蔵庫で1週間くらいは保存が効く。
4. 焼きすぎるとパサパサになるので、さっと焼き上げるのがコツ。

ウミタナゴのハーブ焼き

**気になる魚の臭みを消し、風味がアップ。
ハーブ（香草）をたっぷり使って香り高く仕上げよう。**

この魚でもOK！

カサゴ、メバル、アイナメ、メジナ、スズキ、イシモチ、ベラ、カレイ

材料（2人分）

ウミタナゴ	2〜4尾
ハーブ	適量
オリーブ油	適量
塩こしょう	少々

ONE POINT ハーブは使いすぎると逆効果

ハーブを加えすぎると、魚の風味が消されてしまう。とくにドライハーブは、水分が抜けているので、生ハーブの1/3程度の量で十分に香りがつく。

つくり方

（下準備）

- ウミタナゴはウロコを落とし、エラと内臓を取り除いておく。内臓を取る際は、皿に乗せたときに下になる側に切れ目を入れるといい。
- 下ごしらえしたウミタナゴに塩こしょうを振る。ハーブ入りの塩を使ったり、粉末ハーブを加えたりしてもいい。
- おすすめのハーブはローズマリー、セージ、オレガノ、フェンネルなど。

1. ハーブの香りが魚に移るよう、ハーブをオーブンの天板に敷き、その上に魚を置いて、さらにその上にもハーブを乗せる。腹の中にハーブを詰めるのも、ひとつの方法。
2. 全体にオリーブ油をかけまわしてから、オーブンで皮がパリッとなるように焼き上げる。
3. 皿に盛りつけてでき上がり。シンプルにそのまま、もしくはレモンを絞って食べるのがおすすめだ。好みで、しょうゆをさっとかけていただくのもいい。

ハゼの南蛮漬け

ハゼやアジなど、たくさん釣れる小魚を骨まで食べられる料理法。サラダ油・酢・塩こしょうを混ぜたマリネ液で漬けるバリエーションもある。

この魚でもOK!

アジ、イワシ、サヨリ、ヒイラギ、カワハギ、イシモチ、メバル

材料（2人分）

ハゼ	8～10尾
タマネギ	1/2個
ニンジン	5㎝
インゲン	2本
塩こしょう	少々
片栗粉	適量
油	適量

＜南蛮酢＞

しょうゆ	大さじ3
酢	大さじ3
みりん	大さじ3
酒	大さじ3
赤唐辛子の小口切り	2、3片

つくり方

（下準備）

- ハゼはウロコと頭を落とし、内臓を取り除いて洗い、水分を拭き取っておく。
- 塩こしょうを振り、30分ほど置いて味をなじませる。
- タマネギは薄くスライスし、ニンジンは千切りにする。インゲンはゆでてから、斜め薄切りにしておく。

1. 南蛮酢の材料を混ぜ合わせておく。一度煮立ててもよい。
2. 野菜類と唐辛子を❶に混ぜておく。
3. 下ごしらえしたハゼに片栗粉をまぶし、中温の油でカラリと揚げる。揚がったらハゼを南蛮酢に入れる。
4. 浸けてからすぐに食べてもよいし、ひと晩ほど冷蔵庫に寝かせて味をなじませてもおいしい。

カサゴのホイル焼き

魚のうまみを閉じ込める手軽で簡単な料理法。
いろいろな味つけを工夫してみよう。

この魚でもOK!

メバル、アイナメ、スズキ、カワハギ、ヒラメ、メジナ

材料（2人分）

カサゴ……1～2尾
塩こしょう……少々
白ワイン、または日本酒……適量
バター……大さじ2
まいたけ……1/2房
タマネギ……1/2個
レモン……1/4個
ローズマリー……少々

つくり方

（下準備）
- カサゴは、小型のものは1尾そのままで、ウロコと内臓、エラを取り除き、大型のものは三枚におろして腹骨をすき取ってから、塩こしょうを振ってしばらくおく。
- タマネギは薄くスライスし、まいたけは石づきを取って、ほぐしておく。レモンはくし形にカットしておく。

1. アルミホイルにバターを塗り、その上にタマネギやまいたけを置き、カサゴの切り身をのせ、ローズマリーをのせる。
2. カサゴに白ワイン、または日本酒をかけ、好みでバターを加え、アルミホイルでしっかりと包む。オーブントースターやグリルなどで15分ほど焼く。
3. 好みでレモンをしぼっていただく。

メジナの漬け寿司

新鮮な魚があってこその、究極の釣魚(ちょうぎょ)料理。
多少のクセがある魚は漬(づ)けにするとおいしくいただける。

この魚でもOK!
アジ、ワカシ、スズキ、アイナメ、カサゴ、カワハギ、イカ類

材料（2人分）

メジナ……1/4～1尾
シャリ……適量

＜漬け汁＞
しょうゆ……大さじ5
みりん……大さじ5
和がらし……少々

＜合わせ酢（米5合分に対し）＞
酢……1/2カップ
砂糖……30g
塩……20g

つくり方

（下準備）
- メジナはウロコを落とし、エラ、内臓を取って三枚におろす。腹骨をすき取り、血合い骨の上下で切り分けて、大きく切りそろえた「さく」にとる。
- さくを薄くそぎ切りして、漬け汁に30分ほど漬けておく。アジやワカシなどの青魚は、厚めに切るといい。
- シャリにする米は硬めに炊く。ヌカ臭さが残らないように、しっかり洗ってから炊くことも大切。

1. 漬け汁からメジナの身を取り出し、ペーパータオルなどで水気を切っておく。
2. シャリをつくる。ご飯を飯台に入れ、よく混ぜた合わせ酢をしゃもじで受けながら掛ける。酢が下側にたまらないようにしゃもじでご飯を下から上に返しながら、しゃもじで縦に切るようにして混ぜる。
3. 利き手の指先に手酢（酢と水を同量入れたもの）を少量付けて、シャリとネタを取って握る。5×2.5㎝程度の大きさを目安にしよう。

[ビギナーのための Q&A]

Q1 使った釣り具の汚れなどはどうするの？

A 水洗いして陰干しするのが基本。リールにグリスを注せばベスト！

海で使った釣り道具には塩分が付くので、それを洗い流すことが大切。とくにリール竿のガイドやリールなどの金属製品は、十分に洗おう。風呂場でお湯のシャワーをかけるのもいいが、リールについては、温水をかけることで内部のグリスが溶け出してしまうこともあるので避けること。

洗ったあとは日陰で干す。釣り竿は水が抜けるよう、竿尻の栓を抜いて立てかけておくといい。

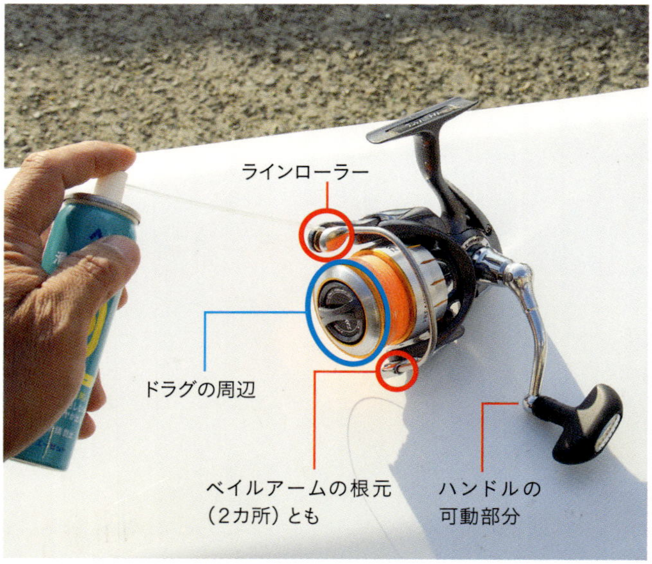

リールは、洗ったあとにグリスなどを注しておくと完璧。ハンドルとベイルアームの可動部、ラインローラーなど（○部分）に少量注しておこう。ただし、ドラグ周辺（○部分）には注さないこと。

竿尻の栓はスクリュー式になっている。外したあと、なくしてしまわないように注意しよう。

ガイドの根元やガイドリングの周辺は、サビの原因となる水が溜まりやすい。乾いたタオルで水分をしっかり拭き取っておこう。

Q2 リールのハンドルは左右どちらに付けるのが正解？

A 利き手と反対側の手でハンドルを握るのが一般的

右ハンドルを左ハンドルに付け替える場合、まず左側のキャップを回して外す。

ハンドルを抜いて、反対側から差し込む。その後、キャップを右側に付け替えて完了。

どちらの手でリールのハンドルを巻くかは、慣れの問題。ベテランのなかには、利き手側にハンドルを付け、まず利き手で釣り竿を握って仕掛けを投入し、仕掛けが着水（着底）したら釣り竿を利き手と反対側の手に持ち替える人もいる。そのほうが、つねに利き手で竿を持ち続けるより、利き手の負担が減らされる利点があり、とくに両軸リールを使う釣りでは、利き手側にハンドルを付けるのを好む人が多い。

スピニングリールのハンドルは、自分で左右を付け替えることが可能だが、リールの購入時に釣具店で頼むとラク。両軸リールは右ハンドルが一般的だが、左ハンドルのものもある。

Q3 リールの故障は直せるの？

A まずは釣り具店に相談。自分で直すのは難しい

リールは複雑な構造をしているので、壊れたときに自分で直すのは、よほどのベテランでないかぎり無理だと考えたほうがいい。大切なのは、壊さないようにすること。塩水対応のリールであれば、海水を被ってもあとで真水で洗い流せばよいが、砂を噛むと致命的なので注意しよう。

Q4 釣り竿が折れたら直せる？

A 穂先（ほさき）なら直せるが、釣り具店に依頼するのがベスト！

穂先が数cm折れたという程度であれば、先端をカッターナイフなどできれいに整え、ノベ竿ならリリアン（穂先に付いているパーツ）を、リール竿ならそこにトップガイド（先端用のガイド）を取り付ければ直すことが可能。もっとも、その際にパーツを買いに釣具店へ行くことになるのだから、まずは釣具店のスタッフに相談してみよう。振り出し竿の中間が折れた場合も、パーツを取り寄せて修理できることが多い。

Q5 釣り道具の賢い収納方法を教えて！

A しまい込まないほうが取り出しやすい。小物類はまとめておこう

釣り道具に限らないが、押し入れや物置の奥にしまい込んでしまうと、取り出すのが難しくなって、そのうち存在すら忘れてしまう。室内にスペースがあればの話だが、できるだけ目の届く範囲に収納するのがベストだ。

オモリやハリ、ミチイトなどは、まとめてプラスチックケースなどに入れておくといい。

外から見える透明のプラスチックケースに収納すれば、どこになにがあるかわかりやすい。ラベルを貼るのもよい。

釣り竿は立てかけて収納。数本をベルトでまとめておくと、倒れにくくなる。専用のロッドラックも便利。

オモリや接続具などの小物類はチャック付きの小袋に、号数ごとに分けて収納するのもいいアイデア。

ケースに入りきらない長い棒ウキや仕掛けのセットなどは、写真のようなカゴに入れてまとめておこう。

Q6 クーラーボックスの正しい使い方って？

A 夏場は直射日光に注意。氷の選び方も大切！

クーラーボックスの上に、断熱性のあるマットをかけておくと、温度上昇が防げる。

水氷をつくるのに時間はかかるが、氷を袋に入れたまま入れると、より長もちする。

氷を入れて使うクーラーボックス。断熱性が非常に高い製品もあるが、直射日光が当たっていると、どうしても内部の温度が上がってしまう。とくに夏場は、日陰に置いたり、上からシートをかけたりして、極力、日光が当たらないようにしよう。

使う氷は、家の冷蔵庫でつくった氷を入れていけば安上がりだが、1kg以上ないと、釣り場に着いたら溶けていたということになりがち。早く冷やしたいのなら砕氷、長もちさせたいのなら板氷を購入しよう。

Q7 余ったエサはどうやって処分すればいい？

A 冷蔵や冷凍で保存すれば、次回に再使用できる

エサの種類を問わず、ごく少量であれば釣り場で海に捨ててしまっても問題はないが、量が多くなると海を汚す原因になる。海釣り施設をはじめ、ゴミ捨て場が整備された釣り場以外では、面倒でも家に持ち帰り、生ゴミとして処分しよう。

アオイソメやイシゴカイは、冷蔵庫で保存することもできる。1～2日もたせたいという程度なら、エサを買ったときのパックのまま、冷蔵庫に入れればよい。長期保存する場合は、海水に入れておき、2～3日に1回は海水を交換しよう。

なお、いずれの場合も、死んだエサが交じっていると、元気なエサまで弱ってしまうので、保存前に選別することが大切。オキアミやアミエビなどは、冷凍保存ができる。

Q8 釣り場で遭遇する危険な生物について教えて！

A 毒のある魚には触れないことが原則。虫対策も忘れずに！

魚の中には、毒のあるトゲをもつ魚種がいる。ゴンズイやハオコゼは、その代表格。もし釣れてしまったら、ハリスを切って海に戻すのがもっとも安全な対処法。万一トゲに刺されてしまったら、すみやかに病院で見てもらおう。フグのように食べると中毒を起こす魚もいる。食べられるのかどうかがわからなければ再放流しよう。

岸釣りでは防虫対策も忘れずに。防虫スプレーを用意するほか、長袖・長ズボンの着用をおすすめする。

背ビレと胸ビレに毒のトゲをもつ**ゴンズイ**。毒は死んでも失われないので、堤防の上に放置しておくのは厳禁だ。

ハオコゼは背ビレに毒のトゲをもつ。体長10㎝前後と小型だが、刺されると数時間は激痛に苦しむことになる。

その名の通り、毛虫のように見える**ウミケムシ**は、チョイ投げなどで釣れてくる。体毛が毒針になっていて、刺さると毒が注入される仕組みになっているため、毒針を抜いても毒が残る。決して触れないように。

知っておきたい! 釣り用語集

ア

アタリ　魚がエサに食いついたときに、竿先やミチイト、ウキ、手元などに現れる変化を指す。「魚信（ぎょしん）」とも呼ぶ。

あわせ　アタリに応じて、釣り竿を立てたり、リールのハンドルを巻いてミチイトを張ることで、ハリを魚の口のまわりに貫通させること。

イ

活き締め（いきじめ）　釣った魚をおいしく食べるために、急所をナイフで刺すなどして、素早く絶命させること。

イトフケ　ミチイトがたるんだ状態を指す。イトフケが多すぎると、アタリが伝わらなかったり、あわせが効かなかったりする。

ウ

ウキ　アタリをとるためのパーツ（釣り具）。ほかに、仕掛けを一定の水深にとどめる、潮の流れに乗せて流す、さらには仕掛けを投げやすくするといった、さまざまな役割を果たす。玉ウキ、棒ウキ、シモリウキなどがある。

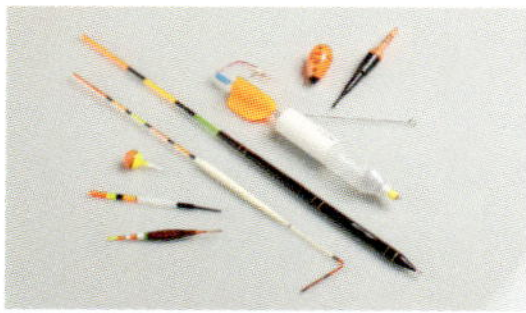

ウキゴム　ミチイトにウキをセットするためのゴム管。

ウキ下　ウキからエサまでの、ミチイト・ハリスの長さを指す。潮や風などに仕掛けが流されるとイトが斜めになるので、ウキ下とタナ（探る水深）がつねに同一になるわけではないことに注意。

エ

エギング　エギ（餌木）を使ってアオリイカなどを釣ることを指す造語。ほかに、ルアー釣りのジャンルでは、アジング（アジ釣り）、メバリング（メバル釣り）などといった造語が多い。

枝バリ（えだばり）　幹イトの途中に、木の枝のように接続したハリス（枝ハリス、もしくは枝ス）の先に結んだハリのこと。サビキバリなどがこれにあたる。

エラ洗い（あらい）　ハリ掛かりした魚が、首を左右に振りながら水面で飛び跳ねて、ハリを外そうとすること。スズキのエラ洗いがよく知られている。

オ

大潮（おおしお）　月や太陽の引力の影響で、潮の干満差は日々変化する。もっとも干満差の大きいときが大潮で、満月と新月のときに起こる。

オマツリ　自分の仕掛けが、ほかの人の仕掛けと絡まってしまうことを指す。自分の仕掛けが絡まってしまうことは「手前マツリ」などという。

オモリ　仕掛けを沈めるためのパーツ。ほかに、重さを変えることで、ウキの浮力や、仕掛けが沈むスピードを調整できる。形状はガン玉、板オモリ、ナス型とさまざまだ。サイズと重さの関係は左の表を参照。

カ

ガイド　リール竿についている、ミチイトを通すための環状のパーツ。

ガン玉・オモリの重量

ガン玉の場合		オモリの場合	
4	0.2g	1号	3.75g
3	0.25g	2号	7.5g
2	0.31g	3号	11.25g
1	0.4g	5号	18.75g
B	0.55g	8号	30g
2B	0.75g	10号	37.5g
3B	0.95g	12号	45g
4B	1.2g	15号	56.25g
5B	1.85g	18号	67.5g
6B	2.65g	20号	75g

リングとガイドフット（脚）から成り、リングには抵抗の少ない素材が使われている。

カエシ　ハリに付けたエサが脱落しにくいようにするための引っ掛かり部分。「アゴ」などとも呼ばれる。また、カエシのないハリのことを「スレバリ」と呼ぶ。

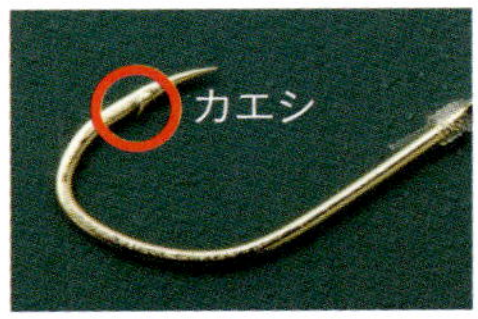

カケアガリ　海底の斜面の変化を指す。魚のエサとなる生物が溜まりやすく、海底付近を回遊する魚のルートにもなることが多いので、好ポイントとされる。

活性（かっせい）　釣りにおいては、魚の食い気を表す言葉。食い気がある状態を「活性が高い」と表す。

ガン玉（だま）　割れ目のある球状の小型オモリ。取り外しがしやすいよう、ゴム板が割れ目に取り付けられているものもある。イトに取り付けるときは指かプライヤーでしっかり締め付ける。

キ

擬餌バリ（ぎじ）　サビキバリやルアー、エギなど、エサに似せてつくられた釣りバリの総称。

キャスティング　仕掛けやルアーを投入すること。

魚礁（ぎょしょう）　魚を集めるため、ブロックや鋼材などを海底に沈めたもの。周囲に魚礁を配した釣り施設もある。

ケ

渓流竿（けいりゅうざお）　ノベ竿の一種。本来は渓流でヤマメやイワナなどを釣るための竿だが、堤防釣りにもよく使われる。

消し込み（けこ）　魚がエサをくわえて深いところへ泳ぐことで、ウキが水中に引き込まれること。

ケミホタル　ウキや竿先に取り付けて、夜間でもアタリを取りやすくするための化学発光体。「ケミホタル」は商品名だが、この名が通称となっている。

コ

小潮（こしお）　干満による潮位差が小さいときを指す。

コマセエサ　水面にまいたり、コマセカゴに入れたりして魚を集める寄せエサの別称。「コマセ」ともいう。

五目釣り（ごもくづ）　対象魚を絞り込まず、何種類もの魚を狙うこと。

サ

竿尻（さおじり）　竿の下端や、グリップ（持ち手）のあたりを指す。

先イト（さき）　ミチイトと、仕掛けやルアーの間に結ぶイト。ショックを吸収したり、擦れて切れるのを防いだりするために、ミチイトよりも太いイトが使われるのが普通。ルアー釣りでは「リーダー」とも呼ばれる。

誘い（さそ）　仕掛けやエサ、ルアーを、釣り竿を操作するなどして動かし、魚が食い付くきっかけを与えること。

サルカン　ミチイトと仕掛けの間に取り付ける接続具。イトや仕掛けが縒れるのを防いでくれる。「ヨリモドシ」「スイベル」などともいう。

シ

時合い（じあ）　魚の活性が高まる時間帯のこと。潮の流れや日照の変化、エサ生物の存在など、さまざまな要素に影響される。

潮止まり（しおど）　潮の流れが止まる、満潮・干潮の前後の時間帯を指す。

潮目（しおめ）　複数の潮の流れがぶつかるところ。エサ生物が溜まりやすいので、好ポイントとされる。

ス

捨て石（すいし）　堤防の基部などに沈められた基礎石のこと。堤防の直下から、数10m沖まで敷き詰められていることが多い。根魚の好ポイント。

スナップ　ミチイトと仕掛けやルアーなどを接続するパーツ。ワンタッチで開閉する。これとサルカンが一体になったものが、スナップサルカン（写真）。

スプール　リールのイト巻き部分。

ソ

袖バリ（そで）　ハリのタイプの一種。小物釣りで多用される。

外掛け結び ハリにハリスを結ぶ方法のひとつ。結び方が理解しやすく、素早く結べるのが利点とされる。

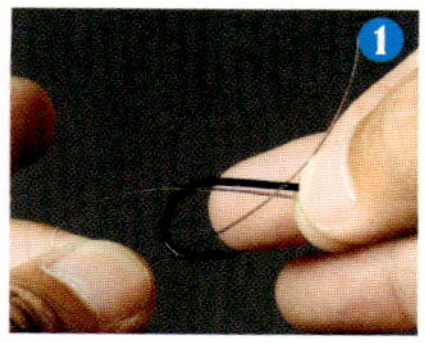

ハリの軸にハリスを添え、折り返して輪をつくる。ハリを持ち替え、ハリスが交差している部分を親指と人差し指で押さえておく。

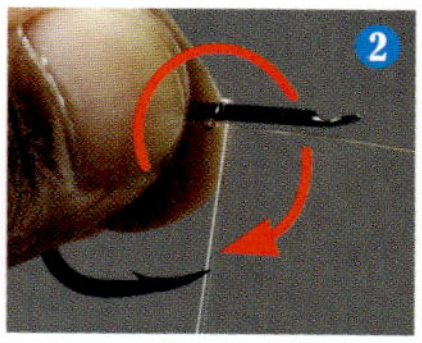

添えたハリスとハリの軸に、ハリスの先端側を5回ほど巻き付ける。1回巻くごとに、指で押さえるようにすると、きれいに巻くことができる。

❶でつくった環のなかに、ハリスの先端を通して軽く押さえ、本線側を引いて結ぶ。その後、端イトと本線側を引っ張って、さらに引き絞る。

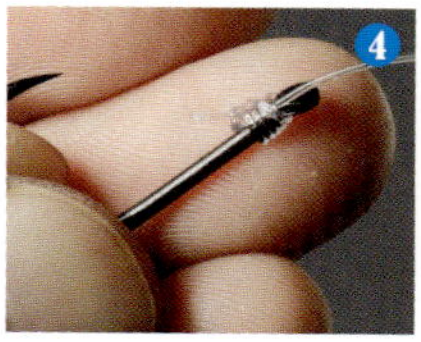

端イトを5㎜ほど残してカットしたら完成。写真のように、ハリスの本線がハリの内側（ハリ先側）から出ていることを確認しておこう。

ソフトルアー プラスチックワームなど、軟らかい素材でできたルアーを指す。

タ

ターゲット 釣りにおいては「対象魚（狙う魚）」のこと。

タックル 釣り具のこと。釣り竿、リールのほか、竿立てやクーラーボックスなども含まれる。

タナ 水深のこと。「魚のいるタナ」は狙う魚の泳層を指し、「タナを深くする」はエサをより深い層に沈めることを意味する。

玉網 魚を取り込むための網。「タモアミ」「タモ」とも読む。堤防釣りでは、釣り座から水面まで届く4.5m以上の柄があるものが必要。枠径は45～55㎝が目安。柄は振り出し式が一般的だ。

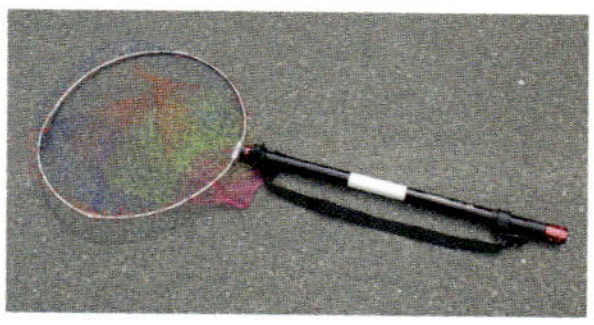

タラシ ❶エサをハリ掛けしたときに、ハリから垂れ下がった部分。❷仕掛けを投げるときの、竿先から仕掛けまでのミチイトの長さ。

チ

釣果 釣れた魚の数や大きさのこと。釣りの成果。

チョン掛け エサやソフトルアーの一部にハリを掛けること。エサやソフトルアーの動きを損なわない。

ツ

継ぎ竿 複数の節を継いで使う釣り竿のこと。先端から伸ばしていく「振り出し竿」ほどコンパクトにならないが、竿の調子を損なわない設計がしやすい。

釣り座 釣りをする場所のこと。「釣り座を構える」などと使う。

テ

テンション 「緊張」などを表す英語だが、釣りにおいては、「ラインテンション」、すなわちミチイトの張り具合を表すときに使われる。

ト

ドラグ 「引っ張る」を表す英語だが、釣りにおいては、ミチイトが強く引っ張られたときに、自動的にスプールが回転してミチイトを送り出すリールの機能、およびそのパーツを指す。

ナ

ナイロン 一般的な素材名だが、釣りにおいてはミチイトの素材を表すために多用される。柔軟性に優れているので扱いやすい。

中潮 干満の差が、大潮と小潮の中間程度のときを指す。

ネ

根 海底にある岩礁や海藻、ブロックなどの障害物。根魚の好ポイントであるほか、大きな根には回遊魚も着きやすい。

根掛かり 仕掛けが水中の障害物などに引っ掛かってしまうこと。

根魚 カサゴやムラソイ、アイナメ、メバルなど、根の周囲に棲息する魚の総称。

ノ

ノベ竿(ざお) リールを付けず、竿先にミチイトを結びつけて使う釣り竿。本来は全体が1本でできている釣り竿を指すが、振り出し竿や継ぎ竿であっても、ノベ竿と呼ぶのが一般的。

ハ

バラす ハリ掛かりした魚に逃げられること。「バレる」ともいう。

ハリス ハリを結ぶイトのこと。ハリが結ばれた状態で売られているものもある。

ヒ

PE(ぴーいー) ミチイトの素材のひとつ。高密度ポリエチレンなどを編み合わせたもの。ほかの素材に比べて、伸びが極端に少ないので、遠くのアタリなども手元まで伝わりやすい。

一重結び(ひとえ) イトにコブをつくるときの結び方。「止め結び」とも呼ぶ。釣りでは、穂先のリリアンにコブをつくるときなどに使う。

フ

船道(ふなみち) 漁港の出入り口など、船の通り道となるところを指す。「ミオ筋」ともいう。深く掘り下げていることが多く、その両側にできるカケアガリが好ポイントとなっている。

フロロカーボン ナイロンと並ぶ、釣りイトの代表的な素材。フッ素と炭素を材料にしたもので、比重はナイロンよりも高く、張りがあって伸びが少ない。耐摩耗性に優れることから、ハリスに向く素材とされる。

ヘ

ベイルアーム スピニングリールに付いている半円状の金属環。「ベイル」とも呼ぶ。

ホ

ポイント 釣りにおいては、主に魚のいる場所や狙う場所を指す。

穂先(ほさき) 釣り竿の先端部分。

ポンド 重さを表す単位。釣りにおいては、主にルアー釣りでラインの強度を表す単位として使われる。1ポンド＝約453.6g。

マ

まづめどき 日の出、および日の入り前後の薄暗い時間帯のこと。一般的に魚の活性が高まるとされる。まづめどきに釣りをするためには、ライト類が必須。

ミ

幹イト(みき) サビキ仕掛けなどで、枝ハリスを付けるための、幹となるイトを指す。

ミチイト 竿先、もしくはリールから仕掛けまでの間のイト。ルアー釣りでは「ライン」と呼ぶのが一般的。エサ釣り用のミチイトは号数(太さ)で、ルアー用は強度(ポンド数)で表すのが普通。左の表は、ナイロン製のミチイトを例に、その関係を表したものだが、製品により差がある。

ラ

ライトタックル 一般的なものよりも細いミチイトを扱える竿やリールのこと。軽量な仕掛けやルアーが投げやすい、小さなアタリも察知しやすいといった利点がある。

リ

リールシート リールを釣り竿に取り付けるためのパーツ。ネジ式、ロック式など、いくつかのタイプがある。

両軸リール(りょうじく) 釣り竿の上側にセットするタイプのリール。ルアー釣りでは「ベイトキャスティングリール」とも呼ばれる。スピニングリールと比較すると、重い仕掛けや太いミチイトを使う際に遠くまで飛ばしやすい、ミチイトがよれにくい、巻き取る力が強いなど、いくつかの利点がある。

ミチイトの太さと強度（ナイロンの場合）

号数	直径	強度
0.8号	0.148㎜	3lb（ポンド）
1号	0.165㎜	4lb
1.5号	0.205㎜	6lb
2号	0.235㎜	8lb
3号	0.285㎜	12lb
4号	0.33㎜	16lb
5号	0.37㎜	20lb
6号	0.405㎜	24lb
8号	0.47㎜	30lb

監修

西野弘章（にしの ひろあき）

1963年、千葉県生まれ。国内外のあらゆるフィールドで、釣りの楽しさを追究するフィッシングライター。釣り歴47年。アウトドア系の出版社勤務を経て、オールラウンドに釣りを紹介する編集のプロとして独立。それを機に、房総の漁師町へ家族で移住する。自書執筆のほか、数多くの雑誌・書籍の編集に携わり、TVCFのフィッシングアドバイザーも務める。その集大成として、2010～2015年に刊行された日本初の釣りの分冊百科事典『週刊 日本の魚釣り』（アシェット・コレクションズ・ジャパン）の総監修を務める。
主な著書・監修書は、『はじめての釣り超入門』『防波堤釣りの極意』『釣魚料理の極意』（つり人社）、『ゼロからのつり入門』（小学館）、『海のルアーフィッシング完全攻略』（地球丸）、『海釣り完全マニュアル』『堤防釣り図解手引』（大泉書店）など多数。

STAFF

編集協力	有限会社フリーホイール 株式会社スタジオポルト
撮影	奥村暢欣（スタジオダンク）、 加藤康一（有限会社フリーホイール） 中川昌幸、後藤秀二
イラスト	ハヤシナオユキ、みやもとかずみ
デザイン・DTP	洪麒閔、菅沼祥平（スタジオダンク）
撮影協力	黒川一彦、加藤元大、若林能人、 若林柊人、釣り船 はじめ丸

いますぐ使える
海釣り 図解手引

2016年5月20日　初版発行

監修者	西野弘章
発行者	佐藤龍夫
発行	株式会社**大泉書店** 〒162-0805 東京都新宿区矢来町27 TEL：03-3260-4001（代） FAX：03-3260-4074 振替　00140-7-1742 印刷　半七写真印刷工業株式会社 製本　株式会社明光社

URL http://www.oizumishoten.co.jp/
ISBN 978-4-278-04784-4　C0075